自分をたいせつにする本

服部みれい Hattori Mirei

★——ちくまプリマー新書
380

本文イラスト　平松モモコ

目次 * Contents

第7章

まるでもうほとんど本文がはじまっているような
ちょっぴり長めの
はじめに

いま、いちばん、たいせつなことってなんだろう?

みなさん、こんにちは。

この本は、みなさんがみなさん自身をたいせつにする方法が書かれた本です。

「そんなこと、いわれなくったって、自分のことたいせつにしてるよ!」という人も多いかもしれませんね。でも、ひょっとするとみなさんが、「たいせつにしている」というイメージと、この本でお伝えしようとしている「たいせつにする」は、少し違いがあるかもしれません。さらに、ほんとうの意味で「自分のことを愛する」ということとなると、ほとんどの人が行っていないかもしれないとさえ、わたしは、思っています。

これからの時代には、ひとりひとりが自分のことをたいせつに扱い、自分が自分をほんとうの意味で愛しているということが、生きる上でとてもたいせつです。あたらしい時代を生き抜くためにも、「自分が自分を受け入れ、愛している」ということが、とても大事な土台となります。もちろん、周囲の人々や社会や世界のためにも必要な土台でもあります。

くわしくは本書のなかで述べますが、この本でいう「自分をたいせつにする」を実践することは、決して自分勝手になったり、利己的になることではありません。そればかりか、自分をたいせつにした結果、まわりからもたいせつにされ、幸福になり、同時に、まわりの人々をもしあわせにしていくということを指しています。

これは、みなさんにとって、ちょっぴりあたらしいアイデアかもしれません。

この本を書いている人はどんな人なの？

さて、この本は、わたし自身の体験や、わたしのまわりで起こったことをもとに書いています。

わたしは、本をつくったり、書いたりすることを職業としています。24歳のときに編集者になって、もう25年以上雑誌や本をつくったり、エッセイを書いたりしてきました。

わたしは、ちいさな頃からからだが弱く、また、いろいろなことにとても敏感な子どもでした。たのしくすばらしい経験もたくさんありましたが、特に中学生以降、転校生だったことなどから、精神的に落ち込んだり、あるいは、進路や家庭生活のことで希望どおりに行かなかったりしました。

そうするうちに、からだにもこころにも、毒や鬼や……いうなれば負の存在がたくさん溜《た》まっていったのだと思います。

20代はとにかく過酷な時期を過ごしました。自分がゆがんでいたからだと思います。社会と自分がまったく合わない上お金もなくいつも貧乏だったし、人間関係も複雑でした。

でも、目の前の仕事にただただ取り組みました。たくさん失敗をしました。そんな中で、ひとつ、ふたつと、自分をたいせつにするための知恵に出合い、少しずつ、少しずつ実践をしていく中で、**「自分風《じぶんふう》」だった自分からほんらいの自分に戻っていくという体験をしました。**ある時期からおかげさまで、からだもこころもすっかり丈夫になっていったのです。

ボロのつぎはぎだらけの布みたいな自分だったのですが（ほんとうに！）、自分で自分をたいせつにし続けて、今では、絹の布みたいになってきたと思います（これもほんとうに！）。

やぶれかぶれのズタボロの自分だったのが、今はきめ細やかでなめらかでしっとりとした自分になったなと感じるのです。自分であることの居心地がすこぶるよいのです。

あんなにヒドかったわたしにできたのだから、この本を読むみなさんにもかならずできます。

これまでも、ほんらいの自分に戻るための本をたくさん書かせていただいてきましたが、この本では、さらに自分のなかで熟成した知恵を、ぎゅっと一冊の本にして、みなさんにお伝えしていきます。

学校や家庭以外でも学ぶ場所はたくさんある！

ふしぎなことなのですが、子どもの頃から「教育ってなんだろう」、「学校ってなんだろう」、「子育てってなんだろう」って考えている子どもでした。自分自身が子どもなのに、ね。

子どもに対してひどい態度をとったり、傲慢だったり、手抜きをしたりする先生を見ると、「先生はどうして先生になったのですか？」と正面切って質問するような風変わりなところもありました。子どもの気持ちを尊重していないような大人に先生という職業についてほしくない、という気持ちがあったんですね。それにしてもそんなことを先生本人にわざわざ職員室までいいにいくなんて、やっぱり変わった子どもだったように思います。

一方で、わたし自身は、最終的に「教育」について大学で学ぶ選択をとりましたが、学校の先生になるという気持ちはうまれませんでした。それよりも、学校でも家庭でもない場所での教育や学びということをずっとずっとめざしてきたようなきがします。

生まれてはじめてわたしがついた仕事は、育児雑誌の編集者でした。中学生や高校生向けに、雑誌づくりのワークショップを開催していたこともあります（思春期から雑誌を創刊するまでのわたし自身については、第3章108ページに書かせていただきました。興味があるかたは、そちらをお読みください）。

20代から30代のはじめには、ファッション誌のライターをしていたこともあります。音楽や映画、ファッション……そういった文化に関わることも大好きなのです。それと同時に、エコロジーとかオーガニックとかローカリティなど、地球環境や自然を守ること、有機的な暮らしや食べもののこと、地域や地方といった、ちいさなコミュニティをたいせつに生きること、といったことに対しても高い関心があります。古くから続いている暮らしの知恵、習慣、風習を現代社会に取り戻し統合することにも関心を寄せています。

さらには、自分のからだやこころが弱かったのをつよくたくましくするためにという目的もあり、ホリスティック（統合的な）医療や、治癒とはどういったことなのかについても、いつも熱い注目を注いでいます。

もちろん、こういったことを背景に、子どもや女性、そのほか社会で弱い立場に立つ人についてたいせつにする多様性のある社会やシステムをつくりたい、支えたいということもずっと考え続けています。

人と地球はつながっている!?

こういった、まるで、一見関係のないようなことを結びつけるメディアをいつかつくってみたいと若い頃からずっと思っていましたが（まるで違うことを結びつけたりひとつにしたりするのが好きです）、念願かなって2008年に、『マーマーマガジン』というちいさな雑誌を創刊しました。「マーマー／murmur」とは、英語でちいさな声、川のせせらぎ、木々のざわめき、といった意味があります。不平・不満をぶつぶついう、という意味もあります。

この世界のちいさな声にしっかり耳を傾けて、自然にも人にもやさしい、これまでにありそうでなかった、まったくあたらしい社会や世界を実現したい、そのための知恵を紹介する雑誌です。

創刊以来、ほんとうにたくさんのことを記事にしてきました。

オーガニックコットン、エシカル（人道的な）ファッション、冷えとり健康法、結婚をどう考えるか、聖なる性のこと、ホリスティック医療のこと。近年では、不食と少食、パーマカルチャー（パーマネント〔永続性〕とアグリカルチャー〔農業〕とカルチャー〔文化〕を組み合わせた造語。持続可能な社会を築くためのデザイン手法）、自給自足農といったこともとりあげています。わたし自身、詩も大好きで、最近では、詩とインタビューの本を『まぁまぁマガジン』としてリニューアル創刊したり、ローフード（生食）のレシピ本や、「気をつかわず愛をつかう」という考え方を伝えているユニークなアーティストの方の本をつくったりもしています。

実にさまざまなことについて本にしてまとめていますが、どの記事も、どの本も、自然と人がより共存して暮らせるように、あたらしい世界で、ほんとうの豊かさを得て生きていけるように、そのためのヒントとしてつくられています。そこにいつも流れている考えは、**「ひとりひとりが自分をたいせつにして、ほんらいの自分に戻ることが、自然やまわりの人をたいせつにすることにつながる」**というものです。

かつて、ある人から、「服部さんがいっていることは、「ディープエコロジー」という考え方だよ」といわれたこともあるのですが、わたしは、地球にこうして生きている以上、人の物質的な行いはもちろんのこと、人の精神のありよう、意識のもちかたこそ、自然や社会につながっていると思うのです。

　つまりは、人のこころ、精神、意識が、ほんとうの意味で健《すこ》やかで、安定していて、幸福になり、目醒《めざ》めていれば、人とあらそうことも収奪することもなくなり、利他的になり、また、自然を破壊して暮らすような暮らし方をしなくなる、と心底思っているのです。物質的に環境をよくしようとする試みは、いうまでもなくたいせつですし、やれることは今すぐにでも全身全霊で取り組まないともう時間がないというほど地球の自然破壊の状態は逼迫《ひっぱく》しているのですが、それと同時に、人間の、目に見えない意識も本気で変わる必要がある、ということも切に感じているのです。

　わたし自身2015年からは、東京にあった編集部ごと岐阜県の美濃《みの》に移転して、自然豊かな場で、山や川に囲まれ、畑や田んぼもやりながら、よりあたらしい豊かさを求めて、一緒に考えたり、立ち止まったりしながら歩みを進めています。もちろん、わたし自身も、あたらしい生き方を探り、実践し、ほんらいの自分へと戻っていく旅を続けている真っ最中です。

人が生きるうえでたいせつなこととは?

と、こんなふうに、編集者や文筆家として活動していくなかで、あらためて人のこころや意識の面で、もっともたいせつなことがある、と気づきはじめました。

それが、

自分が、今の自分のままで、自分のことをほんとうの意味でたいせつにする。そうしていくなかでほんらいの自分に戻り、そのほんらいの自分を好きでいて、愛している

ということだったのです。

ごく簡単にいえば、

自分が自分を愛していること

が、**何をするにもますます大事になってきている**ということです。

これは、繰り返しになりますが、利己的だったり、自分勝手だったり、自己中心的で、自分本位のわがまま放題ということとはまったく違います。

また、生存欲求にもとづいて過度に自分を守ろうとしているということともまったく違います。むしろ逆なのです。損得勘定とも無縁です。利己的で自分勝手で自己中心的で自分本位のわがまま放題、自分を守ろうとする態度は、周囲とぶつかる可能性があります。何かを破壊したり、不調和をまねいたりする可能性もあります。

ことばが似ているから惑わされそうですが、まったく逆の態度なのです。

ここでいう自分をたいせつにするとか、好きだとか、愛しているというのは、そうする結果、まわりとも自然に調和するありかたを指しています。あるいは同時に、まわりの人のこともたいせつにして、愛しているという状態をもたらします。

実は、どんなに、いろいろな「なにかいいこと」をしようとしても、「自分のことがきらい」と思っていたり、ほんらいの自分がわからなかったり、あるがままの自分を受け入れていないと、どうも、うまくものごとが進んでいかないようだ、とあるとき気づきました。わたし自身、自分の体験やまわりの人の体験を観察して、そう思うに至ったのです。

「繰り返し」を止めるには？

たとえば、病気を治したいと思っていたとします。でも、ときに、いちばん自分の奥の奥にある自分が、自分のことをきらいだったり認めていなかったりすると、究極的に、「治らない自分」をあえて選んでしまうということが場合によってはあるようなのです。このことを知ったときには衝撃を受けました。もちろん、すべてのケースにあてはまるわけではありません。また、そういった思いが存在するとしても、あくまで無意識の中で起こることなのですが、「治りたくない」という欲求って、どうやら存在するようなのです。「治らない自分」を自ら進んで選択し、治らない状態でい続けることで、「やっぱり自分はだめだ」と、「だめだと感じる自分でい続ける」ということがある。「治らない自分」を維持することで、なにか二次的な利益を得てしまうという場合もあるようです（たとえば、ごく簡単な例でいうと、病気でいると、まわりからやさしくされる、かまってもらえる、などです）。

もちろん、病気の状態であるという選択には、人の数だけ多種多様の理由があります。精神・肉体の鍛錬やより高い意識の獲得のために起こっている場合もあります。純粋にからだやこころを休ませるために起こっているという場合もあるでしょう。これまでの人生の歩んできた道を考え直しなさい、という警告でもあるかもしれません。生体防衛反応としての発熱など、「症状即治療」、つまり症状が出ていることが治療になっていることだってあるかもしれません。そしてどんな場合も、自分を受け入れる、否定しない、たいせつにする、好きでいる、愛するということは、治癒を加速させるためになくてはならないものだとわたしは思っています。

いかなるつらい体験も、悲しい体験、腹の立つ体験、おそろしい体験も、自分にとってなにかの必要があって起こっているのだろうと思います。ただ、その体験を見ている側の自分自身について、いつの日か、自分が自分でいることを認める、自分が自分のことを許す、自分が自分を愛するということをはじめないと、同じことをずっと繰り返す可能性があります。同じ「問題」を繰り返すのもその人その人の自由にちがいないのですが、そうするうちに寿命がきてしまい、肉体での体験がタイムリミットとなってしまうかもしれません。さんざんな目にあってから立ち上がってもいいけれど、ヘロヘロになってから取り組むことになるならば、気づいたときからはじめてみてもいいかもしれません（そしてそれは今かもしれないのです）。

逆に、あるがままの自分を受け入れ、ほんらいの自分に戻っていくことに取り組みはじめ、自分のことが好きになりはじめると、とたんに、見える世界も変わっていきます。

実際に、肉体が変わり、こころが変わり、見た目も、場合によっては名前も、住む場所も、人間関係も……つまりは、目に見える世界が変わり、繰り返していた「問題」をもう繰り返さなくなっていくことも自分の経験と多くの人への観察からわかってきました。

そんな体験から、自分を愛するということが、生きる上で、あまりにたいせつなことであるとわかってきたのです。**無理しない、がんばらない、がまんしない自分、つまりはほんらいの自分でいる、その自分を受け入れて愛している、ということがその人自身を平和にし、まわりとも調和するばかりか、まわりをもしあわせにする**ことがわかってきたのです。

自分の内側が、外側の世界に映っているのかも？

それにしても、どうして「自分を愛することがいちばん大切なこと」なのでしょうか？

どうもこの世界は、「自分が世界をどう捉えているか」にとても左右されるようなのです。

目の前には、確固たる世界がある、とわたしたちは思い込んでいますが、どうやら、わたしたちが見る目を通して、世界は、ある。**わたしたちの数だけ世界はあるようなのです。**

さらには、**世界をどう見るかは、自分が自分をどう捉えているかと密接に関係していると**わかってきました。いってみれば、「自分が見ている世界＝世界」というわけなのです。またみなそれぞれ見ている世界が違うのです。人の数だけ地球があるといってもいいかもしれません。

よくまわりの人のことを観察してみてください。人が誰かにいっていることって、その人自身にいっていることだったりします（あるいはその人が、自分の親に対していいたかったことやちいさなころに誰かにいいたかったことを、場所と時と人をかえていっていることもよくあります）。

たとえばです。極端なことをいえば、いつも誰かに文句をいっている人が、実は、自分に文句をいっている、ということがあります。誰かにクレームをいっている人は、ほんとうは自分にクレームがいっぱいある人、かもしれません。自分の親にいいたかったことが溜まったままの人かもしれません。世界のネガティブなところにばかり目がいって怒ってばかりいる人は、自分のなかのなんらかの怒りが終わっていない人なのかもしれないということです。

自分の中にあるものが、世界として映る。

いま、わたしが、自分という存在や世界に対して感じている確信のひとつです。そうして、外側のことを解決するには、本質的に自分の中を解決するほか、ほんとうは方法がないのです。

「世界を変えたいならば、自分がその変化そのものになりなさい」ということばがありますが、どうやら世界を変えたいならば、まずは自分が変わるしかありません。

もちろん、環境問題に対する取り組みや平和活動をしたり、社会の問題や違和感を感じるシステムに対して、はっきりとノーといったり、異論をとなえることは、いうまでもなくたいせつなことです。この社会や世界をしっかり自分の目で見て、自分のこころで考えて、「なにか違う」と思うことに対して、はっきりとそれを表明することは、いいすぎても足りないほど重要なことです。そして、そういった活動や取り組みをする際にも、やはり、**自分自身のなかが平和かどうか**がたいせつです。

自分の中が平和ならば、外側も平和になります。

自分の中に戦争があれば、外側も争いばかりになってしまいます。

自分の中に不信感があれば、外側に不信感をもつようなできごとを引き寄せます。

ほんらいの自分を無視するという暴力をふるえば、外側に対しても、どこか、しらずしらずのうちに暴力的になってしまう可能性を秘めています。同時に、それぞれの人のもつ「正しい」ということにおいて、二項対立を生み、あらそっている場合ではもうないのでは？とわたしは思うのです。

さらに、一切何も社会的な活動をしていなかったとしても、自分自身をたいせつにして、自分を愛することをはじめることは、いますぐ、ひとりでもできる、すばらしい平和運動だとわたしははっきりと思っています。**人間ひとりの存在は、目に見えない部分でも、この社会と世界にうち響いていくもの**だからです。

自分を愛することが、世界につながっていく

自分が自分をほんとうの意味で愛している人が、ひとりでもふたりでも増えたなら、自分が自分を愛するように、自分の近くの人や自分のまわりの社会や、環境を愛する人がひとりでもふたりでも増えることになります。そして、この世界が確実に平和になり、幸福になり、とても居心地がいいものになっていくはずです。

もちろん、世界をよりよいものにするために、ほかの方法もたくさんあります。それらを決して否定するわけではなく、この本では、たくさんあるアプローチのひとつとして、自分自身から愛することをはじめよう、まずは自分が自分を愛することをはじめて、そのことが、近くの人や、社会や自然や地球環境を愛することにつながっていくと確信して、今の自分がどんな状態であれ、自分をたいせつにすること、愛することを実践しようというものです。

かつては、こんなことを意識しなくても生きられました。

でも、今、地球環境が想像を超えるほど危機的な状態にあります。もう自浄できないほどに汚れてしまっているのです。社会も数え切れないほどの「問題」を抱えています。あちこちの社会で、これまでのやりかたがますます通用しなくなっています。

そんな世界の大転換期こそ、自分をたいせつにし、自分の土台をしっかりつくるチャンスです。自分のなかに眠る自然を信じて、自分軸になり、自分であることの居心地をよくするときです。わたしは、こういったことを意識的に行わなければならなくなったのは、地球環境が、もう自ら浄化しきれないほど汚れていることと関係していると感じています。人間も、もう、自分をほったらかしに、流されるままにできなくなっているのだろうと思うのです。

自分をぞんぶんに発揮して「ああ、生きていてたのしいなあ」、「なんだか生きていてうれしいなあ」、「生きていてよかった」とこころから満足できる自分でいることが今こそ必要です。そしてそのためには、ほんらいの自分に戻ることがたいせつです。自分自身でいることの居心地がよいことについて、今こそ、たいせつにみつめて感じるときだと思います。

自分を愛する人は、自分以外の存在も同じように愛する

この本では、ほんらいの自分に戻るとはどういうことなのか、ほんらいの自分とは何なのかについてわかりやすく説明していきます。そしてそれは、**ひとりひとりが自分をたいせつにすることで、かならず、誰でも、そうなれるものなのです。**そうして、ほんらいの自分になったとき、自動的に人は自分のことを好ましく、つまり居心地よく感じますし、おのずと自分を愛するということをはじめていきます。

自分を愛する人は、人や場所や自然や地球を自動的に愛しはじめます。

自分を愛すれば愛するほど、自然や世界は輝いて見えるようになります。ほんとうです。そうして、実際、自然や世界は輝くのです。なぜなら、本質的に、すべての存在は、深い部分でつながっているからです。

まずは自分の中でスタートすればよいと思うと、とても楽ではありませんか？

いま、時代は、あたらしい大転換期のまっただなかです。物質や経済がたいせつだった時代から、目に見えないものやほんとうの豊かさがたいせつにされる時代へと移行しつつあり

ます。

あたらしい時代は、「楽にやる」、「スムーズにやる」ということもとてもたいせつなことです。

まずは、わたしからはじめよう。

できれば白湯《さゆ》を用意して、ゆっくりと少しずつすすりながら、読み進めていってください。白湯は、水をやかんで15分ほどぐつぐつと沸かすのがポイントです。換気扇をまわして沸かすと、火、水、風の質が入った「完全な飲み物」になるとアーユルヴェーダ（インドの伝統医学）でいわれています。からだの中をあたたかいお湯でゆったりとあたため、浄化するイメージです。体調が整ってくると白湯を甘くおいしく感じるようになります（ただし、1日700ml程度までにするのもポイントです）。

半身浴をしながら読むのもおすすめです。やりかたを130ページに載せておきますね。ぜひ自分のからだを芯からぽかぽかとあたためながら読み進めてみてください。

これもふしぎな話なのですが、水という自然に触れていると、より「自然」とつながることができるみたいです。そうして素直にものごとを受け取れたり、あるいは、しかるべきひらめきが起こったりするようなのです。思いや考えが、ぐるぐると同じ場所にい続けるのではなくて、スムーズに循環して、しかるべき結論が出たり、場合によっては、とても新鮮なひらめきが生じる時って、とっても気分がよいものです。

（そうそう、こころがなにか元気でないなあというときに半身浴もおすすめです。）

この本を読みながら、ぴんときたアイデアがあったら、自分で実験をしながら読み進めていってみてください。


自分をたいせつにする人は、人をたいせつにします。そうするとめぐりめぐって、人からもたいせつにされます。人からたいせつにされる人は、また、必要なぶんだけ自分をさしだすことができるのです。愛は循環するのです。

平和な世界って、こんなふうに生まれ、続いていくと、わたしは考えています。


なお、この本の中に、「人にいっていることは、自分にいっていること」という話が何度か出てきます。

まさに、この本を書いているということじたい、わたし自身、もっともっと自分をたいせつにする必要があるということにほかなりません。わたし自身が書きながら、わたし自身に自分をもっとたいせつにしてね、といっているのだと思いますし、書きおわったあとも、時々ページを開いては、白湯を飲みながら、また半身浴をしながら、自己点検しながらこの本を、一読者としてなんども読み直してみようと思っています。

人生という旅を歩んでいく際、わからなくなったときに、立ち止まって読むシンプルな地図みたいな本になっていたらうれしいです。地図をどう読み、どう進むかは読む人それぞれに委ねられている、そんな本です。

ほんらいの自分に戻っていく旅は、生きているあいだ、ずっと、続きます。そしてこの旅こそ、かけがえのない、自分のすべてをかける価値のあるすばらしい旅だとも感じています。

さあ、自分をたいせつにする旅をスタートしましょう。

☆おはなし

あるところに、お星さまが住んでいました。

お星さまは、とがった三角の5つの部分のことをじぶんだと思っていました。

どうしてかというと、とがった三角の部分をじぶんだと思っていると、他人のことも、三角の部分しか見えないから、世界はこの三角だけでできていると思っていたのです。

みんなの三角はぴかぴかに光っているように見えました。

でも、三角は、時に、いじわるだったり、つめたかったりもしました。

三角のとがったところで、傷つけられることだってしょっちゅうありました（じぶんも誰かを傷つけていたんですけれどもね）。

あるとき、お星さまは、あるおおきなお星さまの三角にぐさりと刺されました。

ちょっとしたじこでした。

お星さまのからだからは、どくどくと血が流れました。

お星さまは、血をとめて、傷のケアをはじめました。

誰からもはなれて、ひとりでひっそり、おやすみすることにしたのです。


お星さまは、ただただじっとして、じぶんをみつめました。

三角をカチカチいわせてあそんでいた仲間からもそっとはなれました。

傷をケアし、じぶんが元気になれることをたくさんしたのです。

なにより、いつもいつも三角ばかり気にしていたのですが、もう、三角のことを考えるのはやめて、いつもじぶんをたいせつにすることにしたのです。

（たいせつにするほか、ケガがよくなる方法がなかったともいえます）

いく日もいく日も続けました。元気になっていく過程で、
おなかの中から黒いものがどわっと出ることもありました。
忘れていた怒りの感情がどどどっと出ることもありました。
熱が出たり、涙が出る日もありました。落ち込むこともありました。
でも、出れば出るほど、からだやこころは軽くなっていったのです。

ある日のこと。
鏡にうつったお星さまはびっくりしてしまいました。

三角だけがじぶんだと思っていたのに、まんなかの部分がぴっかーんとひかっていたからです。自分は5つのばらばらの三角がかろうじてつながっているだけとおもっていたら、しっかりひっついて、それはそれはうつくしい星だったのです。

「じぶんって思っていたよりも、うんとうんとうつくしかったんだ」

からだのまんなかからそう思いました。ひかりはからだのまんなかからでていました。なみだがでました。

そのひかりに満たされているととても気持ちがよく、三角をどうするかなど気にならなくなっていたのです。

かんぜんな星になったお星さまは、まえよりも、もっとみんなのことがわかるようになりました。

まえは三角だけ見ていたのに、もう、みんなのぜんぶが見えます。

みんなぴかぴかで、ほんとうはまんなかからぜんぶ光っているのがわかりました。三角のぴかぴかは、まやかしのぴかぴかだったのです。じぶんのしりょくが、まんなかまでとどいていなかったのです。

このまんなかの光は、星という星みんなにあるのに、でも、ほとんどの星が、この光をまんなかにもっていることに気づかず、三角磨きにばかり時間をかけているのでした。

お星さまは思いました。

「このまんなかからぜんぶじぶんなんだよって、みんなわかったら、どんなにか安心するだろう。そうして、もう、三角のかどっこでさしあうこともなくなろうに」

すると突然、目の前に、巨大な大お星さまがあらわれました。

ぴっかんぴっかんに光り輝いています。そうしてこういいました。

「それはそれはいいかんがえがうかびなすったな。誰もが自分がうつくしい星であることに気づくゆいいつの方法を、そなたに、おしえてしんぜよう。そなたの光がたっぷりとつよくかがやけばいいのじゃ。すると、ほかの星も照らされて、じぶんの光に気づくであろう。とおいようで、いちばんの近道じゃぞよ。ふぉっふぉっふぉっ」

大お星さまが消えると、それでも光のかけらがそこいらじゅういっぱいに広がりました。お星さまは、その光を胸いっぱいに吸い込みました。甘くあたたかなかんかくが、からだいっぱいに広がりました。

お星さまは、光のかけらに力をもらい、みじたくを整えて、じぶんに集中して、じぶんをたいせつにし続けました。たいせつにすればするほど、からだは輝いて、力は満ちて、元気が溢《あふ》れてくるのでした。お星さまはそんなじぶんをとても居心地がよいと感じていました。今では、みんなよりちいさかった三角も、あまりとがっていない三角もぜんぶいいなと思えるようになりました。じっさい、三角のところはほとんど透明になっていました。お星さまは、じぶんを愛しはじめていたからです。


夜空をながめてごらん。

光る星は、そうやって輝くようになったお星さまたちのからだですよ。

いちばんちかくで輝く星、太陽の光をあびてごらん。

じぶんの中の太陽が目をさましはじめますよ。

ぴかぴかの光るお星さまは、ただただ光るということをこのいまもつづけているということです。

第1章　わたしって誰？

「自分風」ができあがる子ども時代

いまの自分の居心地はどうですか？

自分の中に、信じられないくらいうつくしい光のたまがあり、自分がどんな状態であれ、泣いていようが笑っていようが、どん底にいようが喜びのなかにいようが、どんなときでも存在していて光っている。その光は、この宇宙の源、またこの宇宙のすべての存在をつくったエネルギーとつながっている。どの人の中にももれなくこの光はあり、その光どうしで、人と人、人と世界もつながっている。

このことを、信じる・信じないはともかく、まず、想像してみていただきたいなと思います。ことばでわかりやすく説明するために、かりに、光といういいかたをしましたが、ほんとうは空《くう》でも無でも神（神性）でもいいですし、自然とか宇宙といってもいい存在です。名前はなんでもいいんです（実際この存在は、名前では呼べないようなものでもあります）。

このイメージをまず感じてみて、みなさんに、いくつか質問をしてみようと思います。

みなさんは、たったいま、この瞬間を、どんなふうに感じていますか？

次の質問の上に、率直に感じることを○や△や×でつけてみてください。

いまいる場所は好きですか？　居心地はいい？　スムーズに深く呼吸ができますか？　楽でいられますか？　リラックスしていますか？　どこか痛いところはある？　眉間にしわが寄っていませんか？　たのしい気分ですか？　きげんはいいですか？　不安はありますか？　悩みは？　心配は？　なんだかわからないけれど、もやもやしていますか？　静かな気分？　ざわざわしてる？　おちついている？　何か変えたいことはありますか？　りきんでいるところはないですか？　からだで冷たいところはありますか？　リラックスしている？　いちばんやりたいことをやっていますか？　わくわくしていますか？　からだは温かいですか？　消え入りたいような気持ちですか？　希望はありますか？　焦っていますか？　のんびりしていますか？　安心していますか？

これらの質問には、正解はありません。「わからない」でもいいし、「むちゃくちゃ気分悪いんですけど！」でもいいです。

ただし、この質問にたいして、素直に自分のからだやこころの声を聞けることが、なにをおいてもたいせつかもしれません。自分軸の答え、自分の感情を自分が知っていることがとてもたいせつです。一方、誰かの目を気にしたりかっこうつける癖がついたりしていて、「てきとう」に答えをいってしまっていたら……そのことに気づけた場合もすばらしいです。素直にいえたにせよ、いえなかったにせよ、自分がどんな状態なのか感じてみます。自分で自分の本心を感じながら進んでいきたいと思います。

自分を好きかどうかなんてわからない!?

では、もうひとつ質問させてください。

自分のこころのなかにコップがあるとして、どれくらいの水が溜《た》まっていると感じますか？

この場合の水は、エネルギーといってもいいし、愛といってもいいかもしれません。やさしい気持ち、安心の感覚、あたたかい感情でもいいです。

すごく疲れていたら、「もうコップがカラっぽ！」かもしれないし、すごくエネルギーに満ち溢《あふ》れている場合は、「水がなみなみとある！」という場合もあるかもしれません。さあ、いかがでしょうか？（ここにメモで書いてみてください。）

では、続けて、「自分のことを好きですか？」と問われたら、なんと答えますか？　えっ？　へんな質問！　と感じたり、場合によってはぎょっとする人もいたかもしれません。「そんなの、好きにきまってるよ！」っていいたくなる人もきっといますよね。「わざわざ聞かないでよね！」って。

あくまでわたしの想像ですが、ほんとうのほんとうのほんとうに、このことをつきつめて考えたことがある、という人は、ひょっとするとほとんどいないかもしれないなと思っています。

「自分のこと好きだよ」という人は、ひょっとしたら、このあとでてくる「自分風《じぶんふう》」をいいなと思っているだけだったり、深くは考えず、表面上そう感じているだけかもしれません。

また、いつも「自分なんて」と卑下したり、なにか責任を感じていたり、「なにか悪いな……」と罪悪感を感じたり自分を責めたりしているとき、また、自分に自信がなかったり、まわりに不平・不満があるときって、ほんとうの意味で自分のことが好き、自分のことをたいせつにしている、自分のことを愛しているという状態ではない可能性があります。

もっといったら、ことばにできない「もやもや」がいつも胸の奥にあるけれどそれが何かわからないという人も、「好き」の状態ではない可能性をひめています（あくまで可能性をひめている、というだけですが）。条件つきで好き、という場合もです。

もちろん、場面場面では、たいせつにしていたり、「こんな自分なら好きだな」とふと思っていたりすることはあるかもしれません。

一方で自分をしっかりと見つめて、自分をたいせつにしている、自分を好きだ、と感じている人もいるかもしれませんね。ただ、自分を愛するというところまでいくとなると……そんなことすら考えたことないという人が、やっぱり、ほとんどといっていいかもしれません。というのも、これまではどちらかというと、そういうたぐいのことを考えないように、感じないようにする世の中だったかもしれないからです。

いや、自分のことたいせつにしないで、自分のことがきらいで、自分のこと愛するもなにも無関心でいる人が多ければ多いほどいい……とまではいわないけれど、「自分にほんとうの関心をもたないでいる」あるいは「自分ぎらいの方向」へと助長するような社会だった、といってもいいとわたしは思っています。

（もちろんそうじゃない、自分を愛し自分のことを愛している人ばかりに囲まれて愛がいっぱいのなかで生きている人もきっといますね。その人もそのままぜひ読み進めてください。これからもっともっと自分を愛することを増大していけるからです。）

さらにいえば、この文を読んでいるあなたが、まだ親元にいたり、親の世話になっていたり、親の価値観の中で無意識に生き続けている場合、あるいは人生の経験が少ない場合は、よりいっそう、自分のことを好きかどうか、たいせつかどうか、愛しているかどうかなんて、わからなくてあたりまえだと思います。なぜなら、こういうことって、いよいよ自分の足で人生を歩んでいくときに、少しずつ身についていくことだからです。

ほら、山登りをする前に、「山登りが好きかきらいかいってみて？」っていわれても、ほんとうのところは、わからないですよね。実際山に登ってみて、できれば、いくつも山登りをしてみて、「ああ、山登り好きです」とか、「わたしは山に登るよりも、海へ行って砂浜を歩くほうが好きです」とか、わかるようになるのだと思います。

自分という存在や自分が生きているということも、そんなふうに、肉体でのいろいろな体験を通して自分というものを感じてからでないとよくわからないのかなと思いますし、意識的に感じていかないとわからないことだともいえます。

「これは自分の意見だ」と自信をもって思っていることも、あんがい、親やきょうだいや友だちの意見を無意識に取り入れているだけだったりすることだってあるのです。

それくらい、自分というのは、よくわからない存在になっている可能性があります。

では、さらに話を進めますね。

わたしって誰？

そもそも「わたし」（あなた）って誰、なんでしょうね。どうして「わたし」は生まれてきたのか。

この本を書いているわたし自身も、正直、自分が誰なのか、なぜ自分が生まれてきたのかよくわかりません。

わかっていることはといえば、自分が誰なのか、一生かかってわかっていくものなのかな（いや、一生かかってもわからないかもしれないな。死んでからわかるかしら）とか、自分が生まれてきたのもきっと理由があるんだろうけれど、気づいたらマラソン大会に出ることになっていて気づいたらもう走りはじめていたランナーみたいだなというのが、正解に近い答えのような気がします。気づいたら舞台に立っていた俳優といってもいいですね。まるで、なぜ遊園地にきているのかわからない人、とたとえることもできるでしょう。

もうひとつ感じていることは、生まれてから子ども時代を経て、「自分ってこんな感じかな」というものができあがるということです。あえてことばをつけるとしたら「自分風」ってやつですね。フランス風みたいな感じ。フランス風って、ずばりフランスじゃないですよね。フランス的な感じがするもの。それを「〜風」をつけて呼んだりします。

そんなふうに、ある部分では、「自分」だけれど、まだ揺らぎが多い自分だし、まずは親をはじめとする家族の価値観とか地域の信念とかそういった衣服を身にまとった自分ということで、どこか「自分風」である自分がまずできあがる。

つまりは、この「自分風」が続いているときに、自分のことをたいせつにするとか、好きかどうかとか、愛しているかどうかなんてほんとうにはわからないのではないか？　というのがわたしの仮説なのです。

さらにいえば、ほんものの自信なんてなくてだいじょうぶだし、なにをやったらいいかわかるわけもないし、ひょっとしたら「〜が好き／きらい」「〜したい」とか「〜がほしい」と思っていることだって、「自分風」の自分が思っていることかもしれない、ということなのです。「風《ふう》」の中には、繰り返しになりますが、親やきょうだいの価値観、学校や友だちや社会の価値観が入っていたり、あるいは全部そうだったりして、ほんらいの自分の考えではなかったりもします。

ちなみに、これまでの世界では、「自分風」のまま生きている大人の数がとても多かったと思います。「自分風」のまま死んでいく人もたくさんいたでしょう。これまでの時代は、「風」のままでも、生きられたからです。

しかもほんらいの自分に目醒めて戻ろうとしているときでさえ、「自分風」はどんなとき

も追いかけてきます。

「自分風」は、まるで、車にセットしたナビみたいなものです。いったん、名古屋から東京まで高速で行く設定をしたとします。すると、浜松あたりで高速を降りてランチを食べようと思っても、なんどもなんども、高速に戻りなさいと指示されます。いったん解除しない限り、ロボットみたいに戻れ戻れとアナウンスします。「自分風」ってそういう強さ、しぶとさがある気がします。

ただ、これからのあたらしい社会では、この「自分風」で生きるのは、簡単ではなくなっていくだろうとわたしは予測しています。気づいた人から、「自分風」を日々脱ぎ捨て、ほんらいの自分になって、どっしり生きていかざるをえない世の中になってきていると感じるのです。

人生に意味はある？　人生のシナリオは？

なぜ生まれてきたかはわからないけれど、気づいたら生まれていた。

そうして自分がいったい誰なのか、なぜ生まれてきたのか、人生って何なのかはよくわからないという前提で話をはじめたいと思います。

最近では、「なぜ生まれてきたのか」を小さな頃に明確にいえるという子どもも登場しているようですけれども、それでもその子たちが大きくなるにつれそういう記憶を失っていく、あるいはたくさんの人が「なぜ生まれたか知らない」ということにも、この地球で人間として生きて行くことの秘密が隠されていそうです。

どれくらいどう走るかわからないマラソン大会。
シナリオがわからない舞台。
あるいは、どんなアトラクションがあるか知らずに入園した遊園地。

あくまでたとえですが、これがわたしたちが生きるこの場であり、生きていくということなのかなと思います。きっと、全部わかっていたら、おもしろくないわけです。マラソンの経路の案内も、脚本も、ガイドブックもない世界。ただ、どう歩いたらいいのか、どういう特徴があるか、もしわかっていたらずいぶんたのしみかたも違ってくるでしょう。この本は、そのためにもあるといってもいいかもしれません。
さて、なぜ生まれてきたのか、に戻りますね。

なぜ生まれてきたのかはわからないまま、人生は動きだします。ただ、どうやら、「意味」はあります。もちろん「意味はない」と考えるのだって自由です。ただ、意味があると考えたほうが、人生がいきいきするようです。そういうわけで、仮に、「意味はある」という方向づけのもとこの本では話をすすめてみます（意味がない、と捉えるのも、より文学的芸術的に展開できそうですが、この本ではいったん意味があるというふうに定義づけてみます）。

また、これもあくまで仮説ですけれども、生まれてくる前に、シナリオはおおまかに書いてから（地上に）くるという説もあります。わたしはあるときから、「まったく自分は覚えていないけれど、でも、どうもおおまかなシナリオはあるみたい」と思って生きてみています。ただし、どんなシナリオかは細かくはわかりません。

なにより、人間には自由意志があります。

何を思い、選び、行動しても、わたしはすべて自分の責任に委ねられた世界に生きていると思います。意味もシナリオもない、という前提で考える人生ももちろん否定しません。ただ、その奥に自分も知らぬ、人生の意味やおおまかなシナリオめいたものがあるのだ、と仮定をすることで、感じていけるものがある気がします。

何の目的も予定もなく、旅に出るのもいいですけれど、「まずは南に向かってみよう」とか、「徒歩だけで旅にでてみよう」と、おおまかな流れを決めると、より旅程がはっきりしますよね。たとえ途中で、「南へ向かったけれど、結局西のほうへ行ってみたい」とか「途中で自転車旅行に変えた」とか変更があったとしても、いったん決めた目的が、さらなる旅へと誘《いざな》うということがおおいにありうるというふうに感じています。

そんなふうに、どの人にも何かひとつ、「人を喜ばせる」とか、「たっぷり、人生をたのしむ」など、ごくごく大雑把なシナリオのようなものがあると考えると、ひとつの方向性が生まれてくる気がします。

そんなふうに、生まれる前か後かに関係なく、自分の人生にはごくごくざっくりしたシナリオめいたものがある、それは地図というよりも、「こっちの方向」などとおおまかに方向を示すような目的があるということを、いったん、前提にしてみたいと思います。

その上で、どのいのちも平等に、生まれてきた意味というものがあります。

自然を見たらわかりますよね。山も川も海も石も、鳥も虫も動物も木々だって、**全部、その場に必要だから存在しています。**

人間も同じです。自分ではよくわからないけれど、そのときそこに、必要だから、在る。なんらかの存在意義があるから、いる。そうして、その人それぞれの「シナリオ」は、あとから「そういうことだったのか」とわかったりするものなのかなと思います。

どうして子ども時代はあるのか？

人は生まれると、かならず「子ども時代」を過ごします。それにしても人にはなぜ、「子ども時代」があるのでしょうね。

子ども時代って、本当に、なにか特別な期間にはちがいありません。

まず、ある面では最高に自由だし（こころの中とか！）、でも同時に、とても不自由ですよね。

特殊なケースをのぞいては、自分の親がいやだから、では隣の大人の人に親になってもらいます、という具合に子どもの側から親を選ぶことだってできません。

お金だってもっていないし、毎日何をするかだって多くの子どもに選択権がほとんどないはずです。その日の食事ですら、大人のようには自由度はありません。そのなかで、いちばん自分に影響があるのが、親の存在だと思います。だって、親は、自分の生きて存在することに関わるからです。

だから、暴力を振るうひどい親だったり、不要な圧力をかけてくる厳しい親だったりしても、生存していくために子どもは、その親に従っていかなければならないのです。

親の側になにか足りない点や不自由さがある場合も、それを子どもの側が子どもなのにもかかわらず大人の役割を肩代わりするというのも、非常によくある話です。両親の抱える問題で仲が悪かったり、離婚したりする場合も、子どもが無意識に責任を感じてしまう（自分が悪いから親は仲が悪いんだとか、離婚するんだと思い違いをする）ということもあります。

こういった親との関係から生まれた影響以外にも、きょうだいの価値観、友だちや先生、学校全体、また地域や社会、いまだったらYouTubeだとか、漫画とかゲームとか、そういったものの価値観も含めて、身につけて大人になっていきます。

わたしはここで、いったん「自分風」ができあがるように思うのです。

「こんな感じかな？」という自分です。

ここにわたしは、子ども時代がなぜあるか、のヒントが隠されているように思うのです。

マラソン大会を走ってはみているけれど、なんとなくあくまでまわりに合わせて走っている感じ。舞台に出てはいるけれど、セリフまわしなど、まわりを見ながらなんとなく演技してみている感じ。遊園地に入ってはみたけれど、どのアトラクションがいいか、まずは大人についていって、大人が乗るものに乗ってみている状態。

そうして、「こんな感じかな?」と体験しながら、「自分風」は構築されていきます。「自分風」という名の服をいったん着てみるわけです。

さて、あらためて親というものについても考えてみたいのですが、親って、自分より若いということはありませんよね。つまりは、自分より年齢が高いということです。年齢が高いということは、概《おおむ》ね、いまの時代よりも前の時代の価値観で生きているということです。

親、もっといったら今のおとなの人たちは、どんな価値観で生きていたのでしょうか。

個人個人、また年代によっても大きく違うし、地域や、その人の信じている思想信条によっても違うでしょうけれど、たとえばこんな価値観があると思います。もちろん全部ではないと思いますが、この中のいくつかは当てはまるのではないでしょうか?

◎人にめいわくをかけてはいけない
◎人からよく思われたい・認められたい
◎人とちがってはいけない
◎がんばらないといけない(努力しなくてはならない)
◎学校へ行かなくてはいけない

◎学校をでたらできるだけよいところに就職しなければいけない
◎結婚して家庭をもち、子どもをもたなくてはいけない
◎たのしいことよりも正しいということを選択する
◎「～するべき」で行動する
◎ピラミッド社会を前提にしている（上へいくほど裕福で、下が貧しい）
◎お金があったほうがいい
◎学歴があったほうがいい
◎時間を無駄にしてはいけない
◎立派な人間にならないといけない
◎あそんでばかりいてはいけない
◎仕事をしなくてはならない

などなどです。

これ以外にも「正しい」とされてきた価値感っていろいろなものがありそうですね。思いついたらぜひ書き足してみてください。

こういった価値観のなかで、一生懸命がんばって、努力して、成功し、安定した仕事をもったり、経済的にも豊かになったりすることを考えて生きていったように思います。

こういう価値観の中で、がんばって、がまんして、無理をして、やりたくないことをしていると、自分のことをたいせつにするだとか、好きでいるだとか、愛するだとかを考えないように、そんなことすらなかったように生きるようになりがちになります。外側に合わせることにいっしょうけんめいになるからです。自分のことがどこかあとまわしになってしまいがちになるのですね。

またそういう中で、恐れ、不安、心配、怒り、悲しみ、罪悪感、自己卑下、無価値感、ねたみ、そねみ、羨ましい気持ち、焦り、利己的、冷酷、強欲、傲慢といった感情や意識を、どんどん増やして、衣服のように着ていくようになります。「～しなければならない」、「～するべき」といった、善悪についての思い込みの服もどんどん着ていきます。何をうつくしいとするか、美醜の思い込みの服も着ます。また、一般的な情、やさしさ、思いやり、礼儀、感謝などの衣服も着ていきます。とにかくありとあらゆる「価値観」、「ものの見方」を、無意識のうちに衣服として着ていくわけです。

そうして、あまりにこういった「衣服」を着ていくものですから、着ぐるみを着てパンパンになってしまっています。あくまで無意識に着ています。

さらには、子ども時代に受けた傷を隠すために仮面をつけることも多いようです。頑丈な仮面をつけて、傷がうずかないようにするのです。

そうして、サングラスもかけます。衣服を着て仮面をつけている人は、まさに「色眼鏡」で世界を見ています。親や学校や地域の価値観が色眼鏡となって、「あれはいい」、「これはよくない」などとジャッジしたりします。

こんなふうに「自分風」はできあがります。こうなってくると、ほんらいの光り輝くものが備わっている真っ裸の自分がわからなくなりますし、そもそも、好きとかたいせつとか愛するなんてもっともっと考えなくなってしまうのです。

着ぐるみを着て、仮面をつけて、サングラスをかけている親もたくさんいます。ほとんどの親がそうかもしれないといっていいほどです。このこと全体を「着ぐるみ状態」と仮に名づければ、世の中は、いらない感情や古い意識や偏った価値観、思い込みの服を着込みすぎて、何が好きだか何がなんだかわからなくなっている人で溢れているという気がしてきます。「自分」という実体が何なのかわからないほど、人々は、「外側」の情報に振り回され、無意識の衣服の意のままとなり、忙しさにかまけ、お金を儲《もう》けることや日々生きることに躍起になったりしてきたのです。もっといえば利己的になり、自己中心的になり、自分のことに躍起になってきたのです。これは、この本でいうところの自分をたいせつにし、愛している状態とは真逆の状態です。

実際に、物質として、「着ぐるみ状態」になっていることを想像するとわかるのですが、動きづらいし、見えづらいため、日々のことで精一杯になってしまうということもあります。まさか、それを脱ぐものだとは思っていません。あまりに、周りの人たちも「着ぐるみ状態」だし、それらの「着ぐるみ」が自分を守っていると信じていたりもするからです。部分的には守ってくれていたりもします。

着ぐるみを着て脱いでいく

この地球のシステムや自然の法則がどうしてこうなっているのか、よくわからないのですが、最初からずっと裸のままで、自分というものがよくわかり、マラソンの距離はどれだけで、どんなシナリオで、アトラクションは何と何があって、何に乗るといちばんたのしくて……と決まっていたら、無味乾燥で、ちーっともたのしくないのかもしれません。

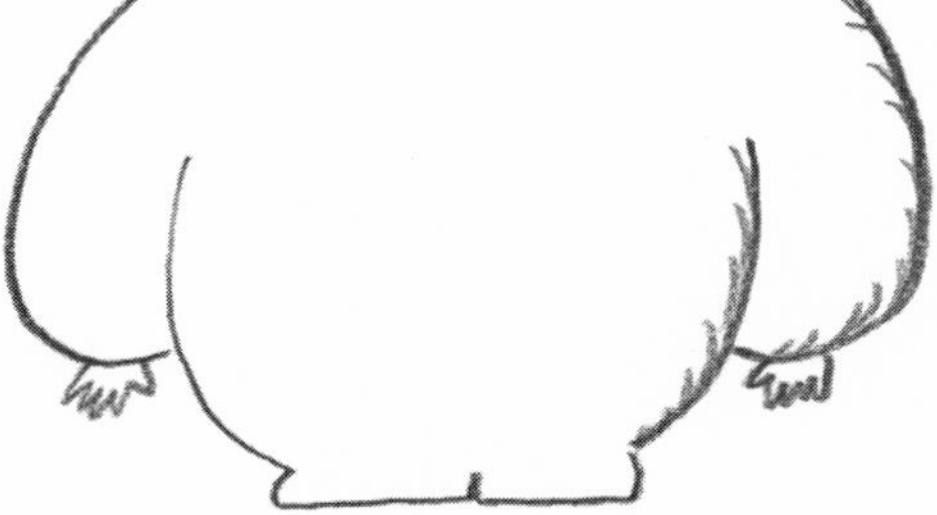

生まれてきたときは、素っ裸です。肉体的にも、そしてここまで話してきたことの比喩としても。

でも、どんどんどんどんいろいろな感情や思い込みの衣服や仮面やサングラスをつけて「着ぐるみ状態」になっていきます。

そうして重要なポイントは、たいてい、人生でなにか「変化」があったり、「問題」が起こったり、生きづらくなったりして、「着ぐるみ」を脱いでいくタイミングがやってくるということです。

特に、人生での大きな節目、または、大変な思いをしたとき、ほんらいの自分の役割を果たそうとするときに、「着ぐるみ」が引き剥《は》がされることが多いようです。

卒業、入学、仕事をはじめる、仕事をやめる、恋愛、結婚、出産、または、大きな挫折、失敗、離別、身近な人の死、夢が叶《かな》わない、失恋、財産を失う、家を失う、病気、事故、などです。何かをはじめたり、やめたり、あるいは、あたりまえだったものが、なくなったり、壊されたり、それを失ったりするときに、着ぐるみは剝がされる。

そうして、素っ裸の、ほんらいの自分自身を知る旅がスタートします。旅路の過程でどんどん脱いでいく人もいれば、大きなショック状態、人生のどん底状態のときに自動的に脱がされるという場合もあります。いよいよシナリオを生きはじめたというときに脱ぐこともあるでしょう。

また芸術家、職人、スポーツ選手、さらにはどんなジャンルであれ何かの道を極めていくなかで、「着ぐるみ」を脱ぐケースもあります。旅をしていく中で脱ぐこともあるでしょう。

最初素っ裸で生まれる。でも、家族や学校や社会のなかで、ある価値観や感情や意識、思い込みを着込んで「着ぐるみ状態」になっていく。「自分風」になっていく。でも、それまでの自分を破壊するできごとが起こって、身につけている価値観を脱いでいく。いよいよほんらいの自分自身になっていく。

一生を、マラソン大会や舞台や遊園地にたとえてみるとこんな感じになりそうです。

マラソン大会だとしたらどうでしょう。最初なんとか走りはじめます。でも、最初の頃の、「なんとなくこんな感じ」という走りでは通用しなくなります。場合によっては挫折して、棄権《きけん》することになります。そして何度も何度もマラソン大会にトライします。今度は、もう、自分の走りをするしかありません。よたよたしながらも、自分らしい走りをします。そのうち、勝つとか負けるとか、かっこよく走ろうとかではなくて、ただただ走っていることが気持ちよくなり喜びになります。このときに、ほんらいの自分自身を体感した状態になっています。

舞台だとしたら、最初はよくわけもわからず、見よう見まねで脇役をやっています。自信もありません。でもある日、主役が倒れます。その人の代わりに自分が主役に抜擢《ばってき》されます。最初は大失敗します。いや、何度も失敗ばかりが続きます。もうダメというどん底に突き落とされてもう、やぶれかぶれになって、必死でゼロから脚本を覚えなおし、とうとう誰の真似でもない、自分の演技をするしかないと悟り、スポットライトを浴びます。そうして本物の主役になっていきます。

遊園地にあそびにいった人ならばどうでしょう。最初は大人につれられてさまざまなアトラクションに乗ります。でも、だんだんものたりなくなってきます。その大人と行っていた遊園地からは出ます。そうして、自分に合う遊園地にあそびなおしにいきます。そのアトラクションは、前よりも、もっと、激しく乗っているだけでたいへんなアトラクションばかりだったりしますが、たのしさやおもしろさは以前とは比べものになりません。そのうち、そのアトラクションに乗らなくても、ただただ遊園地のベンチにすわっているだけでもたのしい自分になっていきます。なにかしていても、なにもしていなくても、たのしいのです。

このように、「自分風」からほんらいの自分に移行すると、生まれたときの素っ裸の自分自身のようでありながら、でも、もっと進化して、その素っ裸に輝きが増しています。もちろんこの時、もう、着ぐるみも仮面もサングラスもつけていません。ただただ自分自身でいるだけで心地よく、気分がいい状態です。リラックスしていて、安心しています。なにがあってもだいじょうぶというこころ持ちです。

このときに、人は、自然に自分をたいせつにしているし、好ましく思っているという状態になります。人生でなにも起こらないということではなくて、なにが起こっても、動揺せず対処できる。最善最高のパフォーマンスができる状態になっているということです。ひょっとすると、もうからだやこころも病気になったりはしない状態かもしれません。

かつては、この素っ裸状態というのは、「悟り」ともいわれて、すごくえらいお坊さんとか、聖者と呼ばれる人とか、古くはブッダとかイエスとか、そういう人しか到達できない状態でした。いわば、ほぼ全員「着ぐるみ自分風状態」だったのです。

でも、時代は変わって、目を醒《さ》ます人が増え、悟った状態がふつうである人が増えていきます。しかもこれは、どの人にも平等に与えられている機会です。誰もがこの状態になることができますし、あたらしい時代はとても多くの人がこの状態でいるはずだ、いや、いないといられない世界になってきているのでは？　というのが、わたしの今の考えなのです。

この状態の人はただ存在するだけで、よりいっそうまわりの人たちを、あたため、輝かせ、元気づける存在となっています。わたしは何人もそういう人を実際に知っています。会っている人のなかに、こういう「素っ裸のほんらいの自分状態」、またそこに向かっている人が今どんどん増えているのです。

優等生を卒業して、がんばらない自分になる

わたしの知っている例をお話ししますね。

Aさんという30代の男性は、子どもの頃からずっと優等生で、とても優良な企業につとめていました。ところがある日突然、会社へ行けなくなってしまいました。ベッドから起き上がれなくなってしまったのです。がんばりやさんのAさんは、どうしてそんなことになったのかわかりませんでした。でも、からだは正直でした。「どうして会社へ行けないんだろう」と自分を責めながら、ベッドに横になる日々でした。

9か月休んだあと、Bさんという友人に会いにいこうとひらめきます。

Ａさんと話しているうちにＢさん、「僕の会社にあそびにきたら？」とＡさんを誘ったのだそうです。Ｂさんは、ちいさな会社の社長さんだったのです。Ａさんは、もともとボードゲームが大好きだったため、ゲームを持参して、Ｂさんの会社に、社会復帰の練習を兼ねてあそびに行きました。最初は、机にむかってひとりでゲームをしていたそうです。まだ体調が十分回復しておらず、Ｂさんの会社で横になって眠ることもあったそうです。

でもそうこうするうちに、Ａさんは、コピーや、簡単なおつかいなどの仕事を頼まれたりするようになりました。ついに、Ａさんが得意なある仕事を担当することになり、その仕事で頭角をあらわしはじめます。もちろんＡさんも、からだやこころのケアを怠らず行っていきました。そのなかでＡさんは親との関係を見つめたり、ずっと抑えていた感情に気づいたりしていきました。親と衝突することもあったそうです。それでも、たくさん話し合いをしたり、自分の感情を見つめたりしていくことで、自分が抱えていた「思い込み」や「執着」に気づいていったそうです。

そうこうするうちに、Ａさんがもともと得意だったボードゲームを子どもたち相手や施設などではじめたところ、大ウケし、ボードゲームをする人として一躍有名になっていきました。自分の経験も活かせる、トランスフォーメーションゲームという、人生の気づきをゲームにしたユニークなセラピーのファシリテーターの資格もスコットランドで取得し、日本ではめずらしいファシリテーターにもなりました。

今では、ボードゲームの達人としてひとりだちしておられます。

今でも体調が悪くなることはときどきあるそうですが、精神的にもすこぶる元気になり、みんなの人気者として全国を飛び回っています。Aさんはほんらいの自分を見つけ、ますます輝く人生を送っておられます。


こういう体験をしている人が、わたしのまわりにほんとうに、たくさんいるのです。

もちろん、Aさんも「自分風」の「着ぐるみ」が完全に脱げてしまったわけではありません。今も、追いかけてくる「自分風」に気づき「着ぐるみ」を脱ぐ日々だそうです。それでも、なんどもなんども「脱ぐ」ことを続けるうちに「脱ぐ」という方向性ができ、「ほんらいの自分」へ向かう方向へと人生の舵《かじ》をきりはじめます。

「自分風」の自分で生きている
↓

なにか「変化」や「問題」が起こる、生きづらさに気づく
↓
「自分風」に気づく
↓
自分をたいせつにすることをはじめる
↓
「自分風」の「着ぐるみ」を一枚一枚ぬいでいく
↓（このときに、からだやこころの「毒出し」があるケースが多い）
ほんらいの自分が少しずつ顔を出す
↓
さらに「着ぐるみ」を根気よく脱いでいく
↓
ほんらいの自分が輝きだす
↓
自分自身でいることで、まわりの人を照らし始める

もしも一本の木として生まれたとしたら。若木のときも、葉を落としたり、新緑をつけたりして、まわりの自然にとって必要な存在です。

でも、木がより成熟していくと、さらにたくさんのおいしい実をつけたり、うつくしい木陰をつくったり、たくさんの落ち葉が土に養分をあたえたりするようになる。若木のときは、「木風《きふう》」でも、ある年齢からはほんとうの木になっていきます。

蝶々《ちょうちょう》も、さなぎからいよいよ蝶々になるまでに、何段階もの成長の過程をもちます。

人はその過程に、大きな変化、挫折や失敗、事故や病気、あるいは進学、就職、結婚、出産、子育てなどを経験し、それらがきっかけとなって、「自分風」から「ほんらいの自分」になっていくように感じます。一見、つらいことと悲しいことに見えることも、おおきな視点で見れば、大チャンスであり、この本の説明でいえば、いよいよ「着ぐるみ」を脱ぐときだということになります。

いずれの場合も、自分のシナリオの方向性の中で起こることにはちがいないため、自分に乗り越えられないことは起こらないというのが特徴です。

むろん、一生「着ぐるみ状態」でいる人もいます。それが「いい／悪い」ではなくて、そ

①
②
自分風
③
④
また①へ戻り
くりかえし

の人は、この人生では「着ぐるみ状態」を味わうことが必要だったのです。社会的には、いろいろな違いがあるように見えますが、わたしは、どの人生でも平等に、古い価値観である衣服を着、仮面をつけ、サングラスをかけ、「着ぐるみ状態」となり、でも、どこかのポイントで、それを脱ぐチャンスがやってくるものだと感じています。

Aさんも、ある場面で、親にいわれていた価値観、その価値観からつくりだしていた自分の価値観（思い込み）に気づいて、それをはずしていくことになりました。

そう、「着ぐるみを脱ぐ」とは、どうも、ほんとうの意味での親離れともともとても深い関係があるようなのです。

なぜ自分の親は自分の親なの？

ここで、親という存在について考えてみたいと思います。

なぜ、自分の親は、この親なのでしょうか。

離別や死別によって、親の顔を知らないという方もいるでしょう。ちいさい頃に離れてしまった、というケースもあるでしょう。また親が離婚したり、あるいは、親がわりの人に育てられたという人もいるでしょう。ひとり親に育てられた人、おかあさん・おとうさんに育てられた人、祖母と祖父に育てられた人、おばやおじに育てられた人、あるいは、同性どうしのカップルに育てられたという人もいるかもしれません。

いずれにしても生みの親、育ての親、……子どもがその親たちをきらいだろうが好きだろうが、ともかく、親という存在には違いありません。この親がもたらす影響について、よく考えてみたいと思います。もちろん、親ではなくて、きょうだいや祖父母につよく影響を受けている人もいるでしょう。自分を育てた存在、自分に影響をもたらした存在、として読み進めてください。

なぜ、この人たちが、自分の人生のスタートのときに現れたのか。親がいない場合などは、なぜ現れないというかたちで現れたのか。

もちろん偶然と考えることもできるでしょう。

ただ、わたしは、どんな場合であれ、「全部意味がある」というふうに感じられるのです（この本もこの方向で考えてみることにしていましたね）。いかなる場合であれ、親（や身近な年長者、以下略）のある特定の感じ方や感情、意識のもち方に、子どもはまず影響を受けるからです。あまりに奥深く、潜在意識に入りすぎて、たいていの人は気づかないほどです。単なる偶然だとしたとしても、ここに、自分の人生のひとつの課題のようなもの、乗り越える壁といってもいいですが、いつかは脱ぐべき価値観がかなり含まれていると考えられそうです。

親のことが、大好きであれ大きらいであれ何の感情もないと感じていようとも、です。

もっといえば、親から伝えられてきた価値観、親という存在に対して生まれた価値観というのは、ほんらいのあなた自身の価値観ではありません。年齢が高くなっていっても、親が考える価値観、あるいはそこから何らかの刺激を受けて生まれた価値観をよく点検することなく自分の価値観として生きていると、ほんらいの自分を生きるというえで、たいてい不自然になっていくようです。

親はあなたではないからです。

親とは違う、ほんらいの自分自身の価値感を、ある年齢やタイミングがきたら、自分で選び、あるいは築きあげる必要があります。

親が過干渉や過保護などで、共依存的ならばなおさらです。

あなたのエネルギーを親が知らず知らずのうちに奪っている、あるいは自分と親との境界線がわからなくなってしまっている場合だってあります。

いずれにしても、そんなことを意識せずとも、自然に親の価値観、そこから生まれた価値観に疑問を感じるようなことが起こる可能性が高いです。それが、大人になるということのひとつの通過点でもあるからです。

完全な親はいない

親という存在や親の価値観を越えていくということについて、もう少しお話しさせてください。

わたしの知人の中に、「親をたいせつにしなければならない」という思想信条であったり、あるいは、若いころの社会のムードが「親と仲よし」（あるいは友だち親子的な仲よし感覚）をよしとするものであったりして、子ども時代に培った世界観から、なかなか抜け出せないでいる人を見かけることがあります。

もちろん、「親をたいせつにしなくてもいい」とは決して思ってはいません。育ててもらった恩義、家族としての愛情は、誰かに押しつけられることなく、ごくごくあたりまえに自然に湧き起こる感情です。愛の循環がうまくいっている家族ならなおさらです。実際、大人になってから親と友人のような関係が結ばれる場合だってもちろんあるでしょう。

ただ、一方で、親が自分を傷つけたり、ないがしろにしたり、また違う価値観を無理やり押しつけたりしているのに、頭だけで「親をたいせつにしよう」といくら思っても、それはほんらいの自分にものすごく負荷がかかることをしているのだ、ということに気づいてほしいのです。このことに目を醒ましているかどうかは、自分をたいせつにする上で非常に重要なポイントです。

親も人間です。最初から親として完璧な親はいません。語弊を恐れずにいえば、どこか足りなかったり、子どもを傷つける幼児性が残っていたり、自身の思い込みを押しつけてきたり、子どもの尊厳をたいせつにしなかったり、子どもの生命を守らなかったりする場合があるのです。非常に高慢で、怒りをもった人物である場合もあるでしょう。ありあまるエネルギーを過度に子どもに注ぐ場合もあるでしょう。もっといえば、「着ぐるみ」を着まくった「自分風」の親かもしれないのです。そういった親に育てられて、非常にたくさんの傷や思い込みやゆがんだ価値観を、よく点検もしないまま、もったままになっているかもしれないのです。もちろん親の側も子育てを通して自己成長していく存在であるともいえます。

そんな中、どうも、安易に「自分の親はいい親だった」とか、「恵まれた家庭だった」などと口にする人が多いように感じています。深くつきつめることをしないで、また人生で起こった数々のことに蓋《ふた》をしたまま（思い出せない場合もあります）、場合によっては、力不足の親をかばうという潜在意識から、「自分の家庭はとてもいい家庭だった」と自分勝手に偽善の文脈をつくってしまうケースもあります。

でも、ぜひ、自分の親が、足りない存在だったかもしれないという仮説をしてみてください。これはもれなく、そうなのです。

しかも、ここがとてもたいせつなポイントなのですが、**その親のなんらかの不完全さを、子どもがかばったり、補おうとしたりすると、服や仮面やサングラスがどんどん身についていきます。**たとえば、両親の仲が悪い場合、仲裁に入ったり、自分はひとつも悪くないのに自分のせいかもなどと責任を感じたりするときに、この本でいう「服を着る」ということがはじまります。親のきげんが悪いことが多く、子どもが親を過度に笑わせたりしてきた場合も同じです。圧力が強い親のもと、びくびくして、意見をいわないようにしているという場合もです。

子どもは、子ども時代に、ぜんぶんに子どもでいないことで、この服やサングラスや仮面を身につけていくのです。でも、これは、生きていくために必要なことだったのです。

親という存在は、不完全だということにおいては完全です。

親の不完全さによって、自分自身が、「着ぐるみ状態」になる。そうして、それを、どんな場合も脱いでいくことができる。自分の身に着けてきた衣服、仮面、サングラスを脱ぐために、親は存在しているのかもしれません。そしてこの点こそがわたしは人間や地球の大きな特徴だなと思っています。

親という存在と親の価値観から距離を置く

もしも、親のことが大好きで、本当に安心感に充たされ、いつもほんらいの自分自身でいられるすばらしい家庭で育っています、または育ちました、という人も、ぜひ一度、家族から距離を置いてみてほしいです。物理的・精神的に離れることは、より客観的に、その家庭で何が起こっていたか、何がすばらしかったのかにあらためて気づくチャンスとなると思います。

よくひとり暮らしをはじめたら、「こんなにもたくさんのことを親がやってくれていたんだ！」と多くの人が親に感謝するようですが、家庭にいるとあたりまえに思っていたことも、離れてみるとこんなにしてもらっていたのだとありがたく思うこともたくさんあるはずです。一緒にいる今もすごく感謝している！　という人こそ、ぜひ、短期間でも長期間でもいいです、一度は親元から離れてみてほしいなと思います。

（なお、わたしは、18歳くらいになったら、いかなる事情があっても、親元をはなれるというルールをつくってはどうかなと思っています。わたしの知人の家は成人後同居する際は、子どもから家賃をとっていたそうですが、それもとてもよい方法だと思います。）

また、あまり親と気が合うというわけでもないという人も、ぜひ、いつか、育った家族から離れてみてほしいなと思います。この場合も、家族のことが、離れることでより客観的に見えるだろうと思います。

どんな家に育った場合も、よく自分の感情を見つめてほしいのです。

特に何に違和感を感じていたのか、何がつらかったのか、何がいやだったのか、何に怒りをもったのか、何が悲しかったのか。現在進行形の場合もあるでしょう。

実は、いわゆる「ふつうの家庭」「いい家庭」こそ注意や点検が必要だとも思っています。人の目にはあきらかにならない傷、自分でも気づいていない傷を抱えて生きている大人がほんとうに多いと感じています。むしろ殴られてほっぺにあざがあるなら、誰の目にもわかりやすく、見つけやすい傷だから、ケアもしやすいんですね。

仮にいまは「うちは大丈夫」と思っていても、いつかは、人間関係、恋愛、仕事、家庭、どこでかはわかりませんが、なんらかのできごとが起こるはずです。いよいよ、親との関係性をみつめなおすチャンスです（忘れたころに表出するほど、「自分風」を形づくっている価値観は無意識の奥深くに入り込み、しらずしらずのうちに自分を動かしています）。

なぜなら「自分風」の多くが、家庭でつくられていくからです。

しかも、「着ぐるみ」が多いと「悪い」、少なければ「いい」というわけではありません。**その事実を知って、脱いでいくことがなによりたいせつなのです。**

表面上、一見仲がよさそうで、でも、両親の仲が悪かった、姑《しゅうとめ》や舅《しゅうと》と親との関係が悪かった、親の自尊心が低かった、親が多忙でこちらが思うように自分に接してくれなかった、親が本心で話してくれなかった、親がこちらの本心を聞いてくれようとしなかった、親の権威が強すぎていつも圧迫感を感じていた、いつも誰かと比較されていた、いつも自分はダメだと非難されていた（からだの特徴をからかわれるなども含む）……などなども、一見、よくありそうなことかもしれません。

しかし、生存を親にのみようやく担保されている子どもの身からすれば、外見は「ふつうの家」「すばらしい家庭」でも、家族の構成員すべてが無意識のうちに（！）地獄のようなことが起こっている場合があります。密室である家庭は、天国のような場所にもなりますが、地獄になる場合だってあるのです。

地獄とは、無意識に、親の都合で、子どもを傷つけているということが常態化していることを指します。さらなる地獄は、子どもがそのことについて、特に大人になってからでも意識化されていないことだと思います。

親という存在や親の価値観を乗り越える、というのは、まず、自分の親についての色眼鏡をはずす、ということです。「いい子」をやめるのです。親の期待にこたえることで生存しようとがんばる自分を知り、ほんとうはそうしなくてもいいと知ることです。等身大の親について理解を深め、自分を傷つけたことがあるならそれを知り、認め、まずは受け入れることです。親や家庭への認識が狂っていると、自分への認識も狂っていってしまいます。

親の考えや価値観を自分の価値観としている限り、親の立派さを自分の立派さにすげかえていたり、親のダメさを自分のダメさとつなげて考えたりしてしまうでしょう。その逆もあるでしょう。

そこから脱するのは、自分自身です。そして必ず脱する方法があります。

あなた自身が、親という物語から、ちゃんと抜け出すことができるし、抜け出すことと、ほんとうの意味で大人になることには深い関係があります。

ほんものの大人になるには？

親という存在や親の価値観を、等身大で知るということがいかにたいせつか、どれだけいっても足りないほどです。

無意識の中で親の世界にどっぷり浸《つ》かってしまっている人は、どうしても、ほんらいの自分の視野より狭くなる傾向にあります。なぜなら自分で獲得した価値観ではない、「自分風」の見方だからです。

親という存在や親の価値観が、いかに不完全であったか。場合によっては、非常に深刻な問題をはらむ世界だったかを知るには、**たくさんの大人を見ること、たくさんの世界を知ることが大事だと思います。**

実際に、多種多様の大人と会えたらすばらしい体験になるでしょう。親とは違う価値観の大人は、世界にごまんといます！　そして親と違う生き方をして、たのしく、しあわせに、ぞんぶんに自分自身として堂々と生きている人がたくさんいます。そのことをまず、知ってください。

そういった大人に会えないのならば、たくさん映画を見てもいいでしょう。映画のなかのユニークな大人から、たくさんの価値観があることを知ることができます。もちろん本を読むこともできます。学校や塾の先生におもしろい人がいるかもしれないですし、アルバイト先、旅先でであうかもしれません。

親という存在や親の価値観とすっかり距離を置いてしまったあとからでも、親をたいせつにすることはできます。

何より、どんな場合であれ、親をたいせつにする上でもっともたいせつなことは、あなた自身がどんな時でもあなた自身であり、自分の幸福を拡大している、ということです。親とは関係なく、まず、自分が自分をたいせつに扱うこと、自分がほんらいの自分自身であること、そして、自分ならではの役割を果たし、しあわせでいること。自分がほんらいの自分自身でいることなくとも、そうなる方向を選び続けてください。自分をたいせつにすることが、ほんらいの自分に戻る道であり、自分をたいせつにしてほんらいの自分になることが、めぐりめぐって、本質的に親孝行になります。

いま、頭でよくわからなくとも、実践していくとかならずわかる瞬間があるはずです。自分の幸福は、親がたとえどんな状況であれ、死別していようとも、かならず親につながっているものです。

ここで書いた親とは、もっと広い意味でいえば、社会通念、集合的無意識ともいえそうです。世間一般でいう「大人」には、たいがいの人がなれます。

でも、あたらしい時代に、「成熟したほんものの大人」になるためには、「親離れ」のプロセスがどうしても必要だとわたしは感じています。

安心して自分自身でいられる場にいよう

万が一、親から、虐待などの暴力を受けていたら（殴る蹴るの暴力以外にも、ことばの暴力、さらには「無視する」という暴力も含まれます）、この場合は、ただちに、できるかぎりの力を使って、なんとしても親元から離れたほうがいいです。「そんな親でもいいところがある」、「やさしくしてくれることもある」と思っているかもしれません。でも、暴力とやさしさのループはセットであったりもします。飴《あめ》と鞭《むち》です。そうして、どんどんと、両者がこの悪いループの中で、この関係性に依存するようになり、中毒になっていきます。ただただ、信頼できる人や場所（虐待や暴力などに関する公的な窓口やNPO団体）を頼って、親元を離れてほしいです。

ぜひ、まず、しかるべき距離を置くようにつとめてください。そうして、自分がもっとも安心で安全だと感じられる場に身を置くのです。こころとからだにエネルギーをぞんぶんにためてください。罪悪感をもつことはありません。自分で自分を守り、自分に必要なエネルギーを得ることは、なによりもたいせつなことです。今すぐ、離れられないのだとしたら、離れる計画を立てて少しずつ準備をしてください。

じゅうぶんに自分自身でいることで、また、エネルギーをためてから、親や家庭のことを考えたり、連絡をとったりしても遅くはありません。また、その気にならなければ、いっさいの連絡を絶ってしまってもほんとうはよいのです。

また、自分にひどいしうちをした親をただちに許す必要もわたしはないと思っています。

許すという段階は、いつか訪れたらすばらしいことですが、安易に、「もう親を許した。感謝している」などと、傷に充分気づいたり受け入れたりしていない段階で判断する必要はないような気がします。親にも自分を傷つけるだけの正当な理由があった、などと考えるのは、ずっとずっと先のことで充分です。

いずれにしても「着ぐるみ」が重ければ重いほど、ゆがんだ汚い衣服であればあるほど、脱いだときに得る気づきは大きいはずです。真っ暗闇のトンネルから抜け出したときの光が強くうつくしく感じられるように、生まれた家庭が過酷であればあるほど、その人は、悟りに近く、自分の中の光に近く、尊さと愛の近くにいる人物なのです。

ただ、あまりに身につけているものが重すぎて、それに負けてしまいそうになっていたりもします。実際闇の中をギリギリの線で生き、危うい状況にある人もいるでしょう。それでも物理的にも、精神的にも、わたしは、過酷な家庭環境にあった人ほど、親という存在や親の価値観、家というものから、離れるチャンスが大きく、「着ぐるみ」を脱ぐチャンスに満ちた人生になりやすいと思っています。

どんな場合もたいせつなのは、まず、自分自身でいられるかどうかです。

リラックスしていてここちよくたのしい自分でいられるかどうか。

何はなくとも深い呼吸をしていて安心していられるかどうか。

どんな時も、このことを自分に許したいせつにしてほしいです。今すぐにできなくても少しずつその方向に自分を向けていってください。

そして、**人は、自分の足で立ち、また自立する自分となって、まわりの役にも立つようになって、本当の意味での満足感や幸福感を得る存在になる**のです。誰かに助けてもらい続けて生存するというのも、やむをえない場合はもちろんその中で生きるほかないのですが、現在の状況の中でできる限り自分の足で立つ、自分の人生に責任をもつという生き方や暮らし方が、または、そこを目指すことが究極のところ、幸福につながっていくのだろうと思います。

そうしなければいつまでたっても、自立するということがなく、もっといえば、「自分風」のまま、ほんらいの自分の輝きを感じないまま、自分のことを誰かのせいにしたまま、自分で自分の人生に責任をとらないまま人生を終えてしまうかもしれません。それって、何か、つまらない状態なのではないでしょうか？　誰もが、おもいっきりほんらいの自分でいて、自分の輝きを感じたら、満足し感動すると思うのですが、いかがでしょうか？　そんな体験を味わってみたいと思いませんか？

学校はなぜあるの？

では、なぜ学校はあるのでしょうか。

わたしは、高校生の頃からずっと考え続けてきて、いまだに正直なところ、よくわからないでいます。ただ、考え続けることじたいがとてもたいせつなことだとも思っています。

学校は、この社会システムというものがなければ、おそらく存在しないものです。そして今、このシステムが大きく変わろうしているとき、学校という存在も、これまでと同じでいられなくなっていくでしょう。

一般的なひとりの大人としての感覚でいえば、社会や人の意識がこんなに変わってきているにもかかわらず、子どもたちが、これまで通りのやり方で学んでいること自体無理があるのではないか、と感じます。古い社会システムに合う学校でいっしょうけんめい学んだことが、この先のあたらしい社会で果たして役に立つのかどうか、残念ながらこれは誰にもわからないことだったりします。

もちろん、すばらしい先生や、おもしろくてたのしい授業はたくさんあるでしょう。一般的な学校ではないユニークな教育を行うところもたくさん現れています。ホームスクールといって家庭で学びをすすめるかたちだってあります。そういったユニークな教育を行う場がこれからはどんどん増えていきそうです。

なにせ、「学校へ行きたくない」、「学校がつまらない」、「学校にいるとしんどい」という子どもが増えていることが、ここまで書いたことの証拠だと思います。みんなにとってたのしくて、すばらしい場所ならば、誰もが行きたいはずです。子どもたちが本気で正直になって、少しでも「学校へ行きたくない」という気持ちを外に表し実行したならば、きっと現状の学校というものはなくなって、大人たちはあたらしい「場」をつくり直さなければならなくなると思います。実際、そうしたっていいのです。

ここで先生という存在への理解も少し深めてみたいと思います。

先生の中には、すばらしい人物もいるでしょうし、すばらしくない人物もいると思います。自分に合う先生もいれば、合わない先生もいるでしょう（どの世界でも同じことです）。いずれの場合も、親のときと同じく、尊敬できる人ならその尊敬する部分を、不完全な先生ならばその不完全さを、あなた自身が活かして、人生に役立てることができます。

すばらしい先生ならば、その先生にたくさん質問をして、自分がいいなと思う答えを、自分でもたいせつにしたり、実行したりする機会にしてください。

すばらしいと思えない先生ならば、「こうはなるまい」と、文字通り「反面教師」にしたっていいし、その先生から距離を置いて、違う大人との交流の機会にしてもいいわけです。もちろん「こういう大人もいるんだなあ」という社会勉強のひとつにもできます。

自分にとっていやなことをする先生だとしたら、さらにはことばの上でも身体的にも少しでも暴力をふるう先生だったら、かならず信頼できる別の大人にSOSをいい続けてください。最初に伝えた大人が軽くあしらって真剣に取り扱ってくれないならば、さらに別の大人にいってください。その人もだめならさらにほかの大人を見つけてください。不要な罪悪感を振り払い、ＳＯＳをいい続けることが、自分を守ります。その人からしかるべき距離を置く（会いたくなければ会わない）こともとてもたいせつなことです。

それから、進路のことや悩みについて、先生から何かアドバイスを受けたとします。もし何か違和感が生じたとしたら、ぜひ自分でも深く考えたり、調べものをしたり、ほかの人にも意見を聞いてみたりしてほしいのです。最終的によく考えて結論を出すのは自分だということです。今、どの意見も１００パーセント正しいかどうかは誰にもわからない、というような時代になってきました。もちろん、人生の先輩でもある先生のいうことです。先生のアドバイスにしたがってみるのもよいでしょう。でも、あまりバカ正直に鵜呑みにすると、場合によってはたいへんな目にあうかもしれません。

先生も、また、不完全な大人です。とてもすばらしいことをいっているときもあれば、たいしてすばらしくないときもあるのです。元気な日もあれば、元気じゃない日もある。生徒側の自分も、なにもかも１００パーセント信じきらないで、先生を尊敬して、先生のアドバイスに感謝しながらも、「先生はそういっているけれど、わたしはこう思う」、「先生はああいっているけれど、ぼくはもう少し考えてみたい」、「先生はあんなふうに説明したけれど、本当かな？　自分でさらに調べてみよう」という態度が、これからの世界ではほんとうにたいせつになっていきそうです。

もちろん、繰り返しになりますが、すばらしい先生に出合ったならば、どうぞその先生からたくさんのことを吸収してください。

さらに、学校以外でもユニークな大人に会えたら、その人だって職業は何であれ（何の職業ももっていない人であれ）、あなたにとって、すばらしい先生となるでしょう。

そして、あなた自身、その大人の考えを「そうだな」と共感してもいいし、「違うかもしれない」と思うのも完全に自由です。ぜひ、感謝して受け取る態度と同時に、できるかぎり自分自身でも考えてください。「こんなこと聞いたらはずかしいかな」、「こういうことをいうとバカにされるかな」と思うようなことの中に、たいへんな真実が隠されていることもあるかもしれません。勇気を出して表現していってください。

自分のまわりにいる人たちは、すべて、あなたが自分自身の考えをもつために、そして「自分風」からほんらいの自分になっていくために、現れてくれています。

どの人だって、どんな存在だって、見方しだいであなたにとっての先生なのです。

友だちって？

友だちについても少し触れておきたいと思います。

友だちは、正直なところ、たくさんはいなくてもいいと思います。仲間と呼べる人は、たくさんいたらすばらしいですね。でも、友だちは、これはわたしの考えですが、その時々で、なんでも話せる人がたったひとりでもいたら、じゅうぶんではないかなと思います。

どうしても友だちがいないときは、動物や植物や石やゲームが友だちになってくれることもあるでしょう。ネット上で友だちができて、その人といちばん話せるということもあると思います。でも、そうするうちに、そのなかからほんとうの友だちがひとりでも現れたら、ほんとうに人生って捨てたものじゃない、と思います。

友だちにも賞味期限がある場合があります。いかなる人間関係もそうですが、人は時とともに変化します。その変化の方向と速度が同じであれば、ずっと友だちということもあるでしょうが、それが違ってきたときに、自然に距離ができてしまうこともあります。それもいいと思います。またそれぞれにあたらしい出合いがあるはずです。別れはあたらしい出合いのはじまりです。死がなければ生もないわけです。その中で本当に縁のある人ならば、時が経っても、場所が離れていても、また交流が再スタートするはずです。それもとてもたのしいものです。

いずれにしても、いかなる友だちも、あなたにむりやり考えを押しつけたり、上下の関係ができていったり、やたらと自分に介入してきたり、ことばや肉体を傷つけたり、依存がひどかったり、なにか違和感を感じることがあるならば、不自由さを感じるなら、どんなときも友だちをやめていいのです。

友だちは、あなたが一緒にいて安心するひと、何を話しても大丈夫と思える人、ゆかいでたのしい人、価値観が同じ人、仮に価値観は違ったとしても尊敬しあえる人、がいいのではないでしょうか。おなかの深いところで通じ合っている感覚をもてる人がいいですね。お互いの自由を尊重し、応援できる間柄がすてきです。

そうして、自分に合う人が今まわりにいないならば、無理をして、友だちをつくったり、友だちづらをしたりしなくてもいいと思います。その時は、「今は自分はひとりでいるときなんだな」と思って、離れたらよいでしょう。ただ、その場合も、その人間関係とは別の場所で、安心できたり、自分を表現できる場所をもてたりするといいなと思います。どうしてもそういうものがない場合は、ぜひ自然を友だちにしてほしいです。

わたし自身、子ども時代はずっと転校生で、友だちはどんどん変わっていく状況でしたし、大人になってからも、友人・知人から離れてひとりになってしまった時期がありました。そんなときわたしは、木を友だちにして、その木によく話しかけていました。植物を育てて、植物と交流するのもよいと思います。いずれにしても、生命あるものとやりとりをすることはとてもたいせつなことです。交流することで、自分自身もまた循環していきます。

ひとりのとき、ノートに思いを綴《つづ》ったり、日記を書くこともおすすめします。自分との対話を深めるのです。ぜひ、ぴんときたらやってみてくださいね。

(友だちがいるよ、という人にも日記はとってもおすすめです!)

自分をたいせつにすることを少しずつはじめる

自分自身が、より変化していくとき、特に、「自分風」に気づいて、それまでつちかってきた価値観という名の衣服、仮面、サングラスなどの「着ぐるみ」を外して、ほんらいの自分自身に戻ろうとするとき、これまでの人間関係がいったんなくなり、がらりと変わることが多いようです。景色が変わるときというのは、成長している証《あかし》といってもいいかもしれません。

自分が「自分風」の周波数で生きていたときというのは、自分のまわりも、「友だち風」だったりします。もともとはほんとうに友だちだったんです。でも、自分が「自分風」に気づくと、その友だちも「友だち風」にふしぎに変容していくんですね。それはとても自然なことです。その友だちもその自分にあったあたらしい友だちを見つけていきます。だから、安心して離れてください。もちろんその友だちが共に成長し、ほんらいの自分どうし友だちでい続けるケースもあるでしょう。

人生は、「ほんらいの自分でいよう」と舵《かじ》をきった瞬間から、より自分に合致するものを、提供しはじめます。それに逆らわずに従っていくことです。罪悪感や不安をもつ必要はありません。絶対に自分を責めてはなりません。自分が自分を、勇敢に、守ってあげるのです。

すっかりほんらいの自分自身になったときに、本当にまたあたらしいすばらしい人間関係がはじまりますし、そのときには、もう、友だちがいるとかいないとか、そういうことを一切心配しなくなります。誰かがいたらいたでたのしいし、いないならいないでたのしい。ひとりでいても、誰かといても、もう孤独を感じることはありません。本当に誰かが必要だなと思ったときには、誰かがかならず近くにいるようになりますし、自分と合わない人とどう対応したらよいか即座にわかるようになります。

何より、自分自身に戻っている存在は、まわりの人にとっても心地がいいものなのです。だから、ほんとうの意味で自分と一致していると、実は、静かに人気者になっているはずです。しかも、強い人気というわけではなくて、気持ちのよい信頼できる人間関係ばかりがあるというふうになっていきます。

大人になって、自立した人間どうし仲間となり信頼関係がむすべることほど、豊かな体験もありません。これからの時代ますますこのことがたいせつになっていくはずです。自分のコップの水が愛で溢れ、その溢れた分を交換し合う状態です。水を奪い合うこともしません。ただただ、ほんらいの自分でいて、すきなことややりたいことをして、そうして、コップから水が溢れて、その溢れた部分でつきあうわけですから、決して疲れないし、与え合い続けられるし、調和しあうわけです。これは、楽園です。地上の天国です。

それは、まず自分をたいせつにして、自分を愛すること、自立することで実現します。

その第一歩として、今の自分のまま、まず自分自身をたいせつにすることからはじめてください。

自分をたいせつにすることがどういうことか、のちに詳しくお話ししていきますが、まわりにやさしくするとか、にこにこするとかじゃないです。他人軸で生きて、まわりに合わせて、無理やり感謝したりすることでもないです。ましてや自分の感情を押し殺して、いやな人を受け入れることでもありません。

自分が自分をたいせつにするとは、ごく簡単にいえば、自分の感情を自分が知っていること。自分がどうしていると居心地がよいかわかっていること。その感情を優先させること。たとえば「学校へ行きたくない」のならば、「行きたくない」自分を、理由なく認めてあげることです。責めることなく受け入れるんです。ものごとに理由なんてなくていいんです。カレーライスが好きな気持ちに理由なんてないんですよね。それと同じです。

誰かにやさしくあろうとしないで、まず、自分が自分にやさしくしてください。大丈夫、どんなときも本当は、自分を最優先にしていいんです。気をつかわなくていいんです。

これは、甘えていることとは違います。甘えというのは「自分風」に餌をやることです。エゴを肥大化させ、利己的に自己満足することを指します。「自分さえよければいい」という、かたくなな守りの姿勢です。

自己中心的になり、自分勝手なふるまいをするのともちがいます。

自分をたいせつにするというのは、自分をていねいに観察して、自分のことをよく知ろうとし、事実を受け入れ、さらに自分について考え、決めて、取り組むということです。自分に責任をもつということでもあります。これはじつは、自分を世界に対して開いた状態です。

自分に責任をもつというと、重荷に感じるかもしれませんが、ほんとうの意味でおとなになるというのは究極のところ、自分自身に100パーセント責任をもつということですし、やってみると非常にいさぎよくて気分のいいものです。自分でまいた種が芽吹いて花を咲かせようが、咲かずに枯れようが、誰にも文句をいわず外側のせいにせず、自分がそれを受けいれられるというのは、とても気持ちがいい生き方だとわたしは思っています。

利己的な態度と、自分をほんとうにたいせつにしているということとの違いがむずかしいと感じるかたもいるかもしれませんが、ぜひ、このまま読み進めていって、自分をたいせつにする、自分を愛するということがどういうことなのか、感じていってください。

自分をたいせつにしていくと、めぐりめぐって、たいせつにしたぶんだけ、まわりの人間関係に、何かが映し出されていくはずです。ほんとうに、そうなんです。実践してみるとわかります。

■ワーク

1　この本をここまで読んできて、「自分をたいせつにする」とはどういうことだと感じましたか？

2　1以外で、自分で自分をたいせつにするということはどういうことだと思いますか？　または、これまでの自分の人生で、自分をたいせつにしたという経験や、自分の味方になった！　という経験があったら、それもぜひ書き出してみてください。日々のことでも、これまでの体験で印象的だったことでもよいです。自由に書いてみてください。

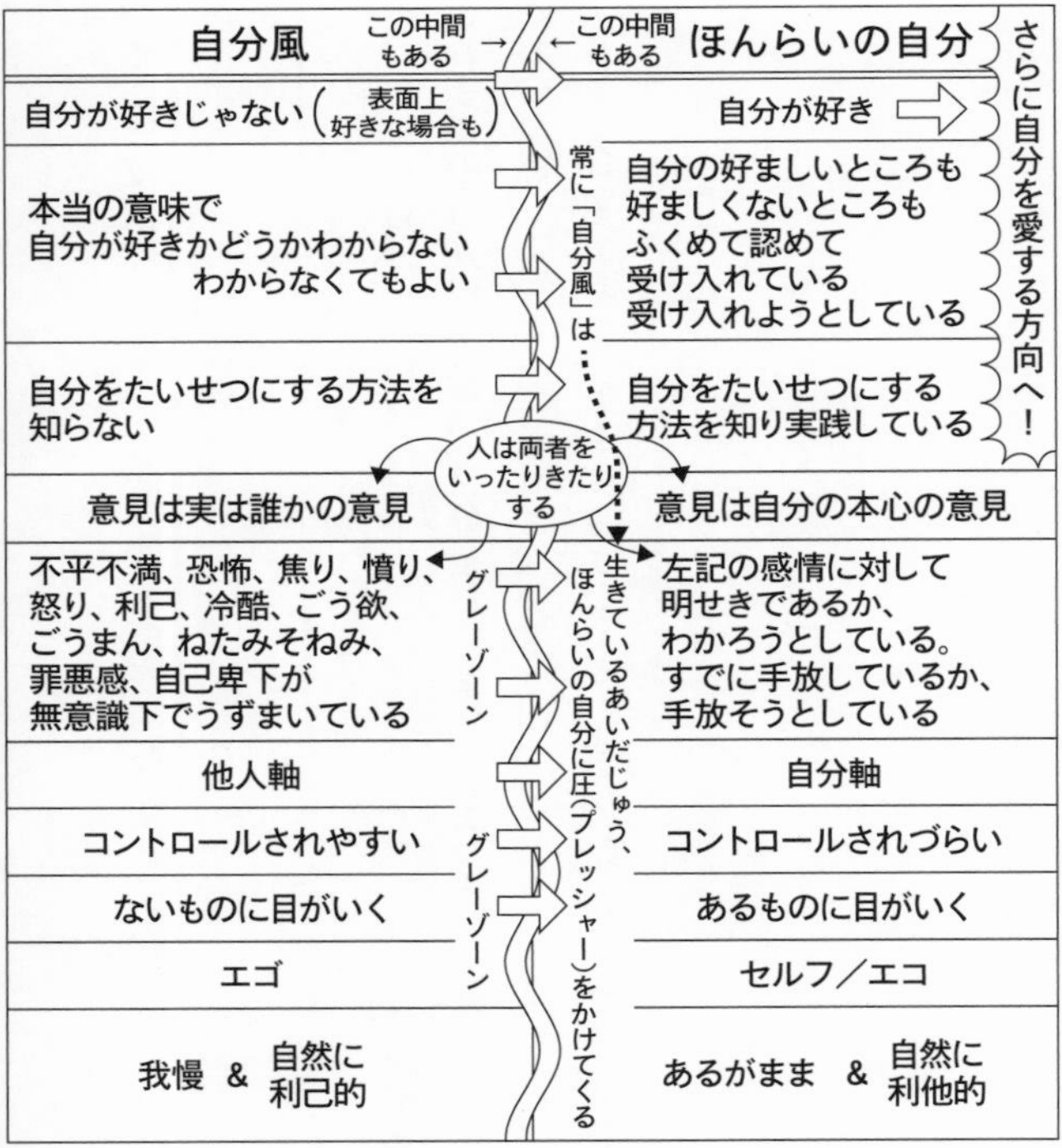

自分風	この中間もある → ← この中間もある	ほんらいの自分	さらに自分を愛する方向へ！
自分が好きじゃない（表面上好きな場合も）		自分が好き ⇨	
本当の意味で自分が好きかどうかわからない わからなくてもよい	常に「自分風」は	自分の好ましいところも好ましくないところもふくめて認めて受け入れている受け入れようとしている	
自分をたいせつにする方法を知らない		自分をたいせつにする方法を知り実践している	
意見は実は誰かの意見	人は両者をいったりきたりする	意見は自分の本心の意見	
不平不満、恐怖、焦り、憤り、怒り、利己、冷酷、ごう欲、ごうまん、ねたみそねみ、罪悪感、自己卑下が無意識下でうずまいている	グレーゾーン ほんらいの自分に圧（プレッシャー）を 生きているあいだじゅう、	左記の感情に対して明せきであるか、わかろうとしている。すでに手放しているか、手放そうとしている	
他人軸	ほんらいの自分に圧（プレッシャー）を	自分軸	
コントロールされやすい		コントロールされづらい	
ないものに目がいく	かけてくる	あるものに目がいく	
エゴ	グレーゾーン	セルフ／エコ	
我慢 ＆ 自然に利己的		あるがまま ＆ 自然に利他的	

「自分風」と「ほんらいの自分」。２つをまとめるとこうなります。

第2章　自然の法則

自然の法則

さて、どうやって自分をたいせつにしていくかという話の前に、わたしの知っている自然の法則についていくつかご紹介しようと思います。

この法則は、あくまで、自分の体験から、また本を読んだり、人を観察したりして知っていった法則です。宇宙の法則といってもいいですが、ここでは自然の法則と呼びます。

この法則を知っていると、いろいろな場面で、自分をたいせつにしたり、目の前のことを越えていったりするためのヒントがもたらされると思います。

□類は友を呼ぶ

この世界に存在するものには、すべて周波数があります。周波数というとわかりづらいかもしれませんが、エネルギー、波動、場合によってはムード、雰囲気といってもいいかもしれません。そしてそれらは引き合うという法則があります。似た者どうしが集まるという法則です。

ものすごく重い周波数をもつ人がいたとします。もやもや、ぐるぐるしている。悩みが多く根深い。自分を守ることばかり考えている。利己的で、自分さえよければいいと思っている。なんでも人のせいにしている。依存的。執着心が強い。頑固。常に善悪でジャッジをし、罪悪感をもっている。あるいは、自分なんてと自己卑下と無価値観にさいなまれている。恐怖、不安感、妬《ねた》みそねみ。こういった状態ならではの重い周波数です。怒っているとか嘆いているという状態を想像してみてもよいかもしれません。ネガティブでどんよりした暗い状態ですね。

この人のまわりには、似た人が集まっています。たとえば、カップルを見てください。まったく性格の違うカップルがいるとします。でも、よく観察すると、このカップルは似ています。お互いが何か同じ周波数で引き合っているのです。あるいは似た課題をもっているか、お互いに必要な記憶を見せ合っています。もし、周波数（あるいはエネルギー、ムード、雰囲気）が変わってきたら、一緒にはいられないか、何か変化が起こるはずです。

重い状態にある人は、重い周波数を通して世界を見ますから、世界も重いものとして見ます。

一方で、ものすごく軽い周波数の状態の人がいたとします。なんだか陽気。シンプル。悩みはなく、何か問題めいたものが立ち上がっても瞬時に解決する。自分軸があり利他的。自分をたいせつにしながら、同じように誰かのことも慈愛の気持ちをもってやさしくしている。執着心がなく、柔軟。どんな場面にもさからわず垣根なく受け入れられる。あるがままの人と世界を受け入れていて、同時に愛しているというような状態。いつもたのしそう。たのしい、ワクワクしている、ここちよい、喜びや感謝の気持ちでいっぱい。好きな気持ちのときや腑《ふ》に落ちている状態が常態化している。ユーモアいっぱいで笑いに満ち溢《あふ》れている。罪悪感や無価値観がまったくない調和と愛の状態が続いている。この本のテーマでもある自分を愛している人、でもあります。自分の人生に100パーセント責任を取っている状態といってもいいですね。

このような人の場合、まわりには、同じような周波数の人しかいません。あるいは、この人といると、なぜか、ほかの人も自分の純粋な部分が引き出される。あるいは、問題の解決法が即座にわかる、愛する気持ちが自然にわいてくるということが起こることもあります。重い周波数の人が寄ってきても、周波数が合わないため、重い周波数の人のほうが撥《は》ね飛ばされてしまうこともあります。この人は、人やものごとのいちばん奥にある、純粋性に周波数が合うようになっています。どんな人といても、どんな場面でも、最終的にその背景にある純粋性を見出《みいだ》せるのです。表面にある周波数に惑わされません。

わかりやすくするために、重い状態と軽い状態をわざと極端に書きましたが、でも、濃淡はあれど、このどちらかの状態に人は属しています。行ったり来たりもしています。

この「類は友を呼ぶ」の法則は、現実の世界のなかで使えます。世界への理解も進みます。誰かを変えようと思うならば、自分が変わるほうが確実です。自分の周波数が軽くなっていれば、しかるべきことが自然に起こるのを待つだけになります。**遠回りなようですが、自分からはじめるというのは、とても近道なのです。**

□すべては鏡になっている

この「類友」の法則をもう少し説明させてください。

自分から見る世界は、自分の反映です。自分という存在は、ほとんどの場合、特に若い世代の場合は、「自分風《じぶんふう》」です。だから、「自分風」から見た世界をほんとうの世界だと思っています(もちろん非常に純粋な視点で見ている瞬間もあると思いますが)。

自分が変われば、人の見えかたも変わります。自分が変われば、世界が変わります。未来も変わり、実は過去も変わります。今の自分になんらかの意味合いで必要なものがまわりにあらわれているのです。究極的に自分の中にないものは、外側にはうつりません。自分のなかに映写機があって、自分のなかにあるフィルムを外側に表しているのです。

もし、世界があなたにとってうんざりするものならば、このフィルムを替えることができます。自分が変わると、外側の世界も変わります。**この本は、この秘密を知りたい人のために書かれている**といってもいいほどです。どんな状況にいる人であれ、この法則は働きます。

念のため付け加えておきますが、外側から見て、ある人が幸福そうだとか不幸そうだとか、裕福そうだとか貧乏そうだとか、学があるとかないとか、家族がいるとかいないとか、うつくしいかうつくしくないかとか、人気があるとかないとか、そういったことは、その人本人の幸福とはまったく関係のないことです。外から勝手にジャッジして、「あの人はこうに違いない」――などと決めつけることじたいが、「着ぐるみ状態」で「自分風」である証拠、場合によってはとてもおこがましい行為といえるかもしれません。

色眼鏡と鎧《よろい》をはずして、この世界を見るようになると、魂が魂として輝くために、いかなる社会的な役割や美醜、優劣、そういったものがまったく関係がないとわかるはずです。

この鏡の法則を頭に入れて世界を見ると、なにもかもメッセージだらけになっていきます。だからといってネガティブに感じるものを見るたびに、自分のなかにも同じものがあるんだと落ち込む必要はありません。自分のなかにあるフィルムが映しているにはちがいないですが、それに気づくたびに、「手放すチャンス」に転換できるようになります。

実際に現実的な方法で、とりくんでよいと思いますし、わたしは、目の前のできごとを手放したいときに、ハワイのホ・オポノポノという浄化法のひとつをつかい、「ありがとう、ごめんなさい、愛しています、ゆるしてください」と、目の前のできごとに語りかけることで手放すという方法をとるようにしています。

一方で、目の前に表れるネガティブに感じるものに対して同じ反応ばかりしていると、同じ繰り返しをするようになります。たとえば、「友人がいつもいじわるをする」とします。その場合、自分のなかに、「いじわる」とか「いじわるをされる」といったフィルムがあるから、その場面を見る、と考えます。そうなったときに、「どうせ自分がよくない人間だからいじわるされるんだ」とか「ひどい、わたしばかりどうしてこんな目にあうの?」という「反応」をしていると、また、その「反応」と「いじわる」が引き合って、同じことを時を変えて繰り返すのです。そうではなくて、「いじわる」に対して、積極的になんらかの行動をするとか、潔く自分のなかで反省することがあればするとか、いじわるをする人からすみやかに離れるとか、これまでの「反応」とは違う、周波数が違う反応をすると、もうそういったことが起こらなくなるか、起こってもちいさくてすむようになります。

鏡の法則は、自分がそれをいつもこころに置いて注意深く観察していると、ほんとうに自分のなかで気づけることがたくさんあります。

□振り子の法則

過酷な人生は、そのぶん反転して、すばらしい豊かさを得る人生になりえる可能性を秘めています。心底辛《つら》い経験は、反転してすばらしい経験を得る礎《いしずえ》になります。真っ暗闇は、開けると光でいっぱいの世界です。固執すればするほど、得られなくなります。手放せば手放すほど、入ってきます。「正しくやる」ということにこだわると間違えます。どん底を味わうとあとはあがるだけです。焦ると遅れます。

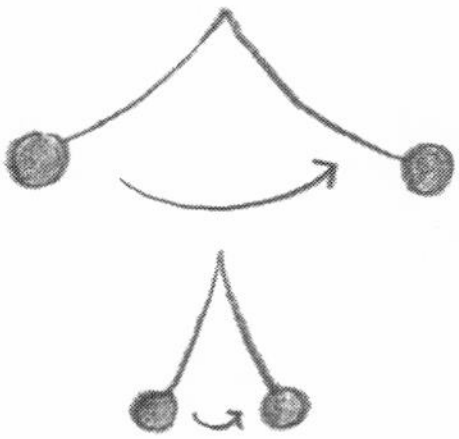

□まいた種だけを刈り取る

これから畑へ行って、小麦の種をまいたとします。土、光、水、空気、温度が適切で、かつ、その過程を、しかるべき方法で見守ったり、麦踏みをするなどしてケアをしたりしたならば、小麦が育ち、収穫できます。でも、種をまかなければ、小麦は収穫できません。これが自然の法則です。**まいた種のぶんだけを刈り取ります。**

いかなる結果にも、なんらかの原因があります。その原因は、実は、自分がつくっています。よい種をまけば、それに関する収穫があり、種をまいていなければ収穫はありません。

これはテニスの壁打ちとも似ています。やわらかくとりやすいボールを壁にぶつけたら、やわらかくとりやすいボールが返ってきます。思いっきり強く雑に打ったら、壁から戻ってくるボールは、強い上によからぬ方向に飛んでいくでしょう。もし届かないような力でボールをありえないほど遠くに打ったら、こちらには戻ってこないかもしれません。自分がしたことが、戻ってくる。これは、どんな人にも平等に起こります。

種の収穫や、壁のボール打ちが、すぐに、わかりやすく戻ってくるのではないため、一見そうじゃないと感じることもあるかもしれません。しかし、どうやら、めぐりめぐってどんなに長い期間がかかろうとも、この法則の中に、わたしたちは生きているようです。

いずれにしても、目の前に現れたことにはなんらかの原因がある、自分は自分がまいた種だけを刈り取る、と知っていることは人生を生きる上でとても役立ちますし、このことを知って、より自分に合う種をまけば、きっといつか、その収穫をするときがやってきます。この世界を信頼して種をまき、収穫を焦らないこともたいせつです。

たいせつにすればたいせつにされ、粗末に扱えば粗末に扱われます。失礼なことをし続ければ、失礼なことをされ続け、ほめればあなたもほめられます。愛すれば愛されます。遅れれば遅れられます。与えれば与えられ、奪えば奪われます。目の前の人は、自分自身の表れなのかもしれません。この世界はとてもシンプルなのです。

なお、種をまくとき、見返りを求めず、無心に、いつ戻ってくるのだろうなどと一切考えないこともとてもたいせつです。

□どんなものも変化する

春は夏になり秋になり、冬になります。冬がずっと冬ということはありません。また春になります。朝は、昼になり、昼は夜になります。夜が明けないことはありません。夜はまた朝になります。

あかちゃんとして生まれ、子ども時代、若者時代をへて、大人となり、成熟した老年期を迎えます。やがて肉体は滅びます。

新品は古くなります。若い人も老います。たいていの食べ物は腐ります。

木は若芽を出し、新緑の時期をへて、成熟した葉をもつときをすぎると、枯れ葉になり落ちます。

存在するものはいずれなくなります。覚えたことは忘れます。生まれたものはいつかは死にます。

なお、生きているという状態に非常にたいせつなのは循環です。滞《とどこお》りがあると、生きている状態に支障が現れます。川はせき止められたら溢れます。雨が降らないと、湖は干からびます。血管が詰まると人間は生きていけません。お金も循環してこそ「生きているお金」となります。循環し、変化することは、「生きている」という状態を保つうえで非常にたいせつなことです。

それではここでご紹介した自然の法則を、こころのポケットにたいせつにつめて、自分をたいせつにすることについてゆっくりご紹介していきたいと思います。なにかあったら、いつでも、ポケットからこの法則を取り出して、自分の体験に活かしてみてください。

きっとおもしろい気づきがあるはずです。

■ワーク

自然の法則（類は友を呼ぶ／すべては鏡になっている／振り子の法則／まいた種だけを刈り取る／どんなものも変化する）の中で、印象的だったのは、どの法則でしょうか？　もし具体的に体験したこと、ふと浮かんだ思い、イメージなどがあればそれもぜひ書いてみてください。

どんな自分だったか？

ここで、この本を書いているわたし自身の話を少しだけさせていただきます。

何を隠そう、わたし自身、10代20代のころ、自分のことをたいせつになんてしたことがなかったからです。何より、この本を読んでいるみなさんよりも、弱々しく、自信がなく、元気がなかったことはまちがいありません。

むしろ自分で自分をいじめていたと思います。

そんな状態だから、自分のことを好きとか愛しているとか、感じたり考えることも一切ないまま、非常に混乱した状態で生きていました。30代になってからでもまだ、自信がなく、30代後半になってようやく本格的に自分自身に向き合うようになったのです。ずっとずっと「自分風《じぶんふう》」のかたまりでした。「自分風」がカチカチに固まって、頑《かたく》なな自分になってしまっていました。

若いころはそんなふうに、荒々しい周波数で生きていましたから、当然、次から次へと「問題」が起こりました。いつだって不安だし、何かに怒っていて、「いい／悪い」でジャッジし、どこか頑なで、世間や他人のことを嘆いていました。

何かが起こると人のせいにして、しかも自分は罪悪感でいっぱいで、「自分なんてダメだ」と思っていました。

からだは、いつも調子が悪く、その上からだに悪いことをたくさんしていました。常に寝不足で、食べるものはいいかげん、からだに悪いとされているものを食べるのは日常茶飯事でした。そもそもからだのケアなんてしたことがないばかりか、酷使していました。からだが悪いから、からだに悪いことを引き寄せていたのだと今では思います。

こころも病気でした。常に不安なのです。だから常に誰かに依存的でした。親離れも遅かったですし、恋人がいれば恋人に依存していました。呼吸は浅く、背筋はまがり、顔やからだにはいつもできものができていたのです。口はへの字にまがり、口から出ることばは、ネガティブなことばや汚いことばだったと思います。思っていることといっていることが、どこかいつもちぐはぐで、ものごとを深く考えることなく発言していました。世間をなめてかかっていたんですね。それは、まぎれもなく自分を自分でなめていたからだといまならはっきりわかります。やたらと格好もつけていました。自信がなく、過度にプライドが高い若者でした。えらそうにでもしていないと、自信のない自分を守れなかったのでしょう。

中学生から高校生くらいの自分の顔を見ると、顔色が悪すぎて、精神を病んでいたんだなとつくづく思います。20代の写真を見ても、どこか虚《うつ》ろで、覇気《はき》がなく、全身全霊で生きていないというか、自分というものが活性化されていないという印象をもちます。まさに「自分風」の塊《かたまり》、という感じです。

人と会えば人の噂話《うわさばなし》をし、チャラいことで笑い、ある程度はたのしいけれど、いつもこころにすき間風が吹き、満足することがない日々を送っていました。自分が気にするのは、表面上のことばかり。自分の内面なんか振り返ることはありませんでした。そういう胆力もなかったんだと思います。ただただ不安や不満が、自分のこころに渦巻いていました。それをほったらかしにして、自分を取り繕うことばかり考えているような人間でした。

一体わたしは、どうして、こういう若者だったのでしょうか。

自分の大きさやほんとうの個性がよくわからない

わたしは、ごくごく一般的なサラリーマンの家庭に生まれました。父親は、「女性はそんなに勉強ができなくてもよい、ある年齢がきたら結婚して子どもをうんで育てるものだ」という古い考えのもちぬしでした。母親は、ひとりっ子だったわたしをとても熱心に育ててくれましたが、そもそも母親自身が底抜けに自信がありませんでした。母親は、自分を生きるということがまだできていないうちに結婚をして子どもをもった、「昭和」のごく一般的な若い女性そのものでした。そのことが、わたしにとても大きな影響を与えたと思います。

子ども時代、とてものんびりしたおっとりした子で、競争というものをしたことがありませんでしたし、競争というものがまるで苦手でした。転校生だったため、行く先々で、軽くいじめられたこともありました。ただ、このときばかりは、親たちが安定的にわたしを支えたという印象があって、さほど、いじめられたことを根にもつこともなく、「子どもっていやだな、早く大人になりたいな」くらいに思って暮らしていました。

いずれにしても、今思えば、平凡な家で凡庸なりにしあわせに暮らしている風ではあったけれど、しかし、**原因はわからないけれども、あきらかにしっくりきていませんでした。**それが何かも意識化されていませんでしたが、自分自身の居心地は、どこかぎこちないものでした。家族は、なんでも話せる部分やユニークな部分とともに、ひとりっこだったこともあり、過干渉だったと思います。思春期には、家を早く出たいなと思うようになっていました。

中学生になると、はじめて大きな壁にぶつかりました。

中学1年生のときの転校があまりにつらかったのです。

当時、ほとんどうつ状態だったと思います。毎日泣いて暮らしていました。つらくてつらくて、人生ではじめて八方塞《はっぽうふさ》がりになるという体験をしました。何を見てもこころがときめきませんでした。転校する前の場所に戻りたいと思ったけれど、でも、中学1年生のわたしは、親のお金をにぎって長距離列車に乗り込む勇気もなく、ただただもんもんと暮らしていました。あのときくらいテレビばかり見ていた時期もなかったと思います。当時はテレビを見て頭をぼうっとさせなければ、精神が保てなかったのかもしれません。ただ、やがて学年が変わり中学2年生になったころから、うつ状態がなくなり、気の合う友だちも現れて元気になっていきました。

ところがまたここで、大きな壁がたちはだかりました。ひとつは家庭の問題です。ここにくわしくは書けないのですが、中学生の自分が受け止めるには、あまりにショックなできごとがおこりました。学力は急降下し、受験にも失敗しました。もうどん底でした。真っ暗闇だったのが、またしても真っ暗闇のどん底に落とされた気分です。このときに起こったことを受け入れるのに、結局、15年以上かかりました。

当時を振り返ると、そういったことの反動で、よけいに学歴にすがったのかもしれません。その時のまわりの価値観が別のものならば、アイドルになろうとしたり、スポーツでがんばろうとしたりしたかもしれません。いずれにしても、何かがんばらないといけない、何者かにならないといけないと思い込んでいました。何者かにならないと自分の存在意義がないと、勘違いしていたのですね。そのためにわたしができることは勉強をがんばることでした。

ところが、高校受験の結果は非常に不本意でした。唯一当時よすがにしようと思った学歴でさえ獲得できなかったのです。今思えば、ここで思いっきりグレてヤンキーになるとかできればよかったのかもしれませんが、中途半端に小賢《こざか》しいわたしは、「ここでグレたらもったいない」と優等生をきどっていました。本当に、あの時こそ、荒れ狂うチャンスだったと今では思います。いや道を踏み外せなかったことは自分を守りましたが、ただ、なにか等身大の自分を思いっきり表現できていたらよかったかなと思います。

高校生になって、やっぱり最初はうつうつとしていましたが、ひょんなことから演劇部に入り、救われました。演劇があまりにたのしかったからです。友だちもできたし、すばらしい先生たちにも出合いました。これは本当に幸運なことでした。高校全体のムードはあまり好きになれなかったけれど旧制中学の残り香による自由さと（とんでもなく自由で個性的な教師が大勢いました）、しかし管理教育が厳しい県の影響と、演劇や映画が好きだったことがあいまって、非常に多感に高校時代を過ごしました。特に「教育ってどうして行われるんだろう」ということをよくひとりで考えていました。ミニシアター系の映画や演劇ブームの演劇をできるかぎり観て、自分でも脚本を書いたり演出をしたりしながら舞台をつくる一方、喪服のような制服を着て若者たちが整列する朝礼で、気分が悪くなってばたばたと生徒たちが倒れていく中、粛々と朝礼が行われていく様子などはいつも本当に疑問でしかなかったです。

当時のわたしが導き出した答えは、「この教育制度は、ピンポン球みたいに、同じかたちの人間を、同じようにつくろうとしている」というものでした。教育というものに興味はあったけれど、このような疲弊した学校制度のなかで、教師をやる勇気は自分にはわきませんでした。ただ、この学校や教育というものがいったい何なのかを学びたいという意欲だけはありました。そうして、今度は大学受験を迎えたのです。

高校受験で失敗しているのですから、大学受験は力みました。でも、今思えば、本気の力じゃないんです。そもそもベースがおっとりしたひとりっこです。父は、「男だったら勉強を教えたけれど、女の子はそんなにできなくていい」とあいかわらずいっていました。母も、今思うとそんなに教育熱心だったとは思えません。必死さがなかったこともあるし、なによりいちばんは、自分の大きさを自分でよくわかっていませんでした。

何をするにも「こんな感じ」、という感じで生きていたのです。幼かったのです。「自分風」のかたまりでした。自分の信念や自分軸などどこにもなく、ふわふわと、その場その場の価値観を自分の価値観にして、いい加減に生きていました。自己イメージが、ものすごく歪《ゆが》んでいたのです。今思えば、謎の自己認識ですが、たいして学力もないのに、自分は（勉強が）できると思っていました。それくらいまわりに期待されていると思い、自分が勝手につくりだした期待の像に自分を合わせようとしていました。思い出すと恥ずかしくなるくらい、中途半端な優等生だったのです。

大学受験もまた自分や周囲が望んでいたようにはなりませんでした。いや、今思うと当時の自分の実力どおりの結果だったのだと思います。自己イメージがおかしかった結果です。学歴がないと自分の存在価値がないと思い込んでいたから、実力以上にがんばらないと、と思っていたのだと思います。

結局、自分自身が「自分風」のまま、なんといっても、受験の傷も、中学3年生の時のころの傷も放置したままでした。今振り返れば、あのころ、ふらふらになりながらでもなんとか生きていた自分をあたたかく抱きしめて、だいじょうぶだよといってあげたいです。とにかく、もう、傷だらけな上に、自分が歪んだままでした。本当にねじれて、複雑で、こんがらがっていて、依存心ばかり強くて、自暴自棄な娘でした。

結局、大学へは進学しますが、これまた行きたくない学校なわけです。もう、今度こそ本気でやぶれかぶれで、精神的には（遅ればせながら）ヤンキーになって、前よりももっと自分がもぬけの殻になりました。刹那《せつな》的になり、もっとひどく依存的になりました。人間関係はどんどん狭くなりました。世の中はバブル真っ盛りだったけれど、わたしは貧乏学生で、ひっそりとアンダーグラウンドの音楽をたのしむことくらいが（自分に残された）たのしみでした。大学を卒業したら、当時つきあっていた恋人と結婚しようと（いわれてもいないのに）勝手に思っていました。返す返すも幼稚でした。

そんなことをするうちに、大学を卒業する年に、本格的にこころを病んだのです。いよいよ大人になるというタイミングで、あまりに自分自身を構築していなかったんですね。自分で自分のこころが壊れた、とはっきりわかる瞬間がありました。

そこから1年間、自分からすすんで精神科のお医者さんにかかりました。

お医者さんは、「これは思春期に起こる症状なんだけれどもなあ。服部さんはちょっと遅いですね」といいました。

中1で転校したときのどん底から数えて、4度目くらいのどん底です。でもそれまででいちばんひどくて死に近かったのが、あの1年だったと思います。ベランダをみれば死ぬことを考えるし、一歩まちがえたら死んでいたと思います。またこのまま薬漬けになる自分も見えました。外にもでかけられなくなり、もう、自分ひとりで何もできないというところまで落ちました。二十歳《はたち》を超えた人間ならできることが、ひとつふたつとできなくなっていってしまったのです。今でいうひきこもり状態になりました。

ボロボロだった自分の前に現れたチャンス

1年間の精神科通いがなんとか功を奏したのか、結局就職はしないで（とてもむりでした）、また結婚しようなどと甘くみていた恋人との関係も解消し、わたしは、さらに進学することにしたのです。その2年間で、なんとか自分を取り戻そうという計画になりました。

1年間ほとんど家のなかにいて、人にも会わず、ボロボロな状態になっていたので、家を出るのも、またひとりで暮らすのも恐怖でしかありませんでした。でも、もう、その道しかなかったのです。精神安定剤で朦朧《もうろう》とする頭と、やせて弱々しくなったからだを抱えて、ひとり進学しました。それまでの人間関係はほとんど清算されました。わたしは大学時代、ほんとうに何もしなかったのです。今思えば、それまでの人生の澱《おり》という澱《おり》がつもりつもって、もう着ぐるみと仮面とサングラスでぱんぱんになって身動きできなくなっていたのだと思います。

頑《かたく》なで、目に見えないものなんかまるで信じない、偏狭で、吝嗇《りんしょく》（けち）で、利己的で、強欲で、傲慢な若者でした。東京でも、まだ、精神科通いはしていました。2年間はリハビリだと思って、もくもくと学校へ通い、趣味の音楽を勝手に仮のアイデンティティとして生きました。まだこのころも毎日がつらかったです。自分が自分でいることの居心地は最悪でした。自分のコップの水は空っぽでした。当時の自分のコップには穴があいていたんじゃないかというくらい水が溜《た》まることはありませんでした。

とにかくもう道がないと思っていました。目の前のことをやるしか、ほかにやることがなかったのです。だからただただ2年間学校に通って、学びながらこころを休めて、音楽に関わることでアイデンティティを保つしかやることがなかったのです。そうして、闇のなかをただただもくもくと歩きました。ちなみに、「自分をたいせつにする」なんていうアイデアは当時の自分の生活には何ひとつとしてありませんでした。

時々、すばらしいこともありました。すてきな出合いもありました。でも、「自分風」は、まったく脱げていない状態でした。わたしは本当に超不完全な自分のまま論文を提出し、ぎりぎりで卒業し、卒業したら、ふらふらとアルバイトをしながら生きようと、ようやく等身大の自分を受け入れられるようになったときに、ある新聞広告を見つけたのです。

新聞の求人欄をなんとはなしに見ていたら、ある書店に出版部があって、編集者を募集していました。そのときはわたしはまったく自信がなく、受ける気力もありませんでした。ただ気に入っている書店ではあり、どうしようかなと思っているうちに募集も終わってしまいました。

また少したって、同じ書店が書店員を募集していたのです。書店員ならアルバイトの経験もあるし、できるかもしれないと思いました。とにかく自分にとってとても慣れていて、楽にたのしくできると感じられることから背伸びしすぎず無理なくトライするようにしていました。ひょっとしたら当時かかっていた精神科の先生のアドバイスだったかもしれません。

「自分風」が極限までいったわたしは、自分の大きさを容易にはみ出して、とてつもなく高い目標に達成しなければという思い癖がありました。着ぐるみをもこもこに着ているのに、超難関なスキーのジャンプ競技に経験もないのに出場しようというようなこころの歪みがありました。でも、その頃から、目の前のちいさなハードルから越えていくようにしたのです。

背丈以上の高さに感じるものを越えようとするのではなく、自分の足のくるぶしくらいのハードルから越えるイメージでものごとをすすめていました。書店員のアルバイトは、もちろんとてもハードな仕事なのですけれど、なにせ、自分にとっては何年もやったことのある大好きな仕事だったため、背伸びしすぎず、気を張らないで取り組める仕事だったのです。

そうして書類を出したら、出版部からていねいな手紙が届いたのです。「編集者の募集をまだしているけれど、受けてみませんか？」という内容でした。ほんとうにうれしかったです。これまでうまくいったことがないのです（と思っていました。長い間学校に通わせてもらったのにね）。

面接を何度か受け、結局わたしは合格しました。どれだけ安堵《あんど》し、どれだけうれしく、誇らしかったことでしょう。はじめての喜ばしい「合格」でした。

自分になにか合うところのある、自分にとても合った非常に望ましい場だと思いました。

わたしの人生に、はじめて「リムジン」が止まった瞬間でした。人生にはどんな人にでもこうして「リムジン」（龍の背中といってもいいですが）が自分の前に止まる瞬間があると思います。そうして、その「リムジン」が来たときに、「はい、乗ります！」といって、勇気を出して乗る必要があるのですね。「リムジン」は、幸運なチャンスといってもいいし、あ

たらしい扉と呼んでもいいかなと思います。日常というのは、この「リムジン」が来たときにいつでも乗れる状態にしておくよう、自分を整えておくたいせつな時間なのかなと今では思ったりしています。

あのときわたしの目の前に止まったリムジンは、ごくごくこぢんまりとした愛らしい存在で、ぜひとも乗ってみたい魅力的なリムジンでした。自分をすべてかける旅に出ることができそうな直感がありました。ぱあっと目の前があかるくなったのです。編集者になるということが、わたしのこころを静かに照らしました。長い長い暗闇のトンネルに、ひとすじ見える光だったのです。

いよいよ入社することになったときには20

代半ばになっていました。以前の自分と比べれば、等身大の自分を受け入れられるようになってはいましたが、でも、あいかわらずプライドだけが過度に高く、自信はまるでない、人の批判ばかりして、いつもメソメソしている「着ぐるみ」でパンパンの若者でした。鼻っ柱《ぱしら》は強く、おせじにも性格がいいとはいえない状態でした。そんな若輩者が、大人の編集部に入ったのです。苦労しないわけがありません。

雑誌の編集という仕事をはじめてからのことは、別の本(『わたしらしく働く!』服部みれい〔マガジンハウス〕)に書いたのでそちらに譲りますが、ここからが苦労の連続で、まず3か月くらいたったときに、本気で仕事をやめようと思いました。何をやってもうまくいかず、仕事が遅く、頭の回転もまわりの先輩たちについていけず、怒られてばかりでした(当時の出版社の雑誌編集部に、自分の実力がまるで追いついていませんでした)。

でも、仕事はとても魅力的だったのです。おもしろいページがつくれるようになりたい、そして読者の方々をたのしませたい、とこころから思いました。先輩たちがつくるページが本当にすばらしくて、いつか自分もそうなりたいと心底尊敬と憧れの気持ちをもちました。雑誌や本をつくることへの情熱の炎が自分のなかで確かに灯ったのです。ダメダメなりに、やぶれかぶれで、やってみようと思いました。最低3年、やってみようと。

そんなことをするうちに、失敗と失敗と失敗と失敗を（！）ただただ繰り返しながら（本当に失敗しかしていなかったのです）、わたしは、そこまでにまとっていた「着ぐるみ」を少しずつ脱いでいったのだと思います。失敗するごとに、先輩たちに注意を受けたり指導してもらいながら、恥をかき、反省し、やり直し、また失敗し、を繰り返すなかで、頑なだった過度なプライドが剝がれ落ち、その代わりに、少しずつ少しずつ自信がついていったのだと思います。実力がない新入社員とはいえ、自分の力で生活を成り立たせていたということも、自分にとっては自信になっていたと思います。でも、何よりわたしにとっては、クオリティのレベルがはっきりしている雑誌編集という仕事に関わり上達していくことが、過度なプライドを壊し、なかった自信をつけていく、たいせつな「マラソン大会で自分なりの走りをすること」であり、「舞台で演じること」であり、「遊園地であそぶこと」でした。

編集部の先輩たち、発行人、編集長、副編集長、担当をさせていただいた作家さんがた、そのほか関わる大人たちが、それぞれおもしろい人が多かったのもラッキーでした。アクの強い人や、風変わりな人もとても多く、出版や書籍にかかわる人たちがわたしはとても好きでした。誰もが魅力的でした。

その職場は、24歳から27歳くらいまでいました。今思っても、それまで身につけた古い価値観を最初に脱ぎはじめた現場でした。

仕事のなかで着ぐるみが剝がされていく

そうはいっても、生まれてからものごころつくまでに無意識のなかにつくられた自尊感情、さらに二十歳《はたち》くらいになるまでに身につけた社会通念や感覚による「着ぐるみ」が、そう簡単に剝がされるものではありません。

結局その後、20代のおわりと、30代のはじめに、大きな病気を2度体験し、フリーランスの編集者・ライターになってからも、新雑誌を立ち上げたもののすぐに休刊となったり、一度目の結婚もうまくいかず離婚したり、挫折の連続でした。大人になってからでも、どん底だな、と思うことが、思い返すだけで3回くらいありました。でも、そのたびに、わたしは、古い鎧《よろい》を捨て、サングラスを外し、勇気をだして仮面を外して行ったのだと思います。傷ついた瞬間に外れたものもあるし、自分でていねいに脱いでいったものもあります。

わたしの人生は、一般的に見たら失敗や挫折が多い人生かもしれません。また、もっともっと過酷な人生の方から見たら、生ぬるい平和な人生に見えるかもしれません。大人になるのが遅いタイプだったとも思います。なにかをわかるのがゆっくりなタイプでもあると思います。でも、いずれにしても、わたしの身に起こったことは起こったことです。起こったことに、自分自身で対処するほかありませんでした。それがいつであれ、本当に自分のことは**最後は自分で取り組むしかないのです。どうするか、どうしたいかは自分が決めるしかないのです。誰も自分の人生を代わってやってはくれないのです。**

わたしがわたし自身に何をしていったのか。わたしは、まずわたしをたいせつにすることをはじめました。ようやくこの頃から、からだ、こころ、意識、すべての面から、自分自身をたいせつにする方法を実践していったのです。

だいたい30歳くらいから、縁のある方法を実践していきました。

はじめにであったのは、気功や漢方でした。そうして、からだからもこころからも少しずつ「自分風」をもっともっと剝がしていくアプローチをしていきました。人間関係もどんどん変わっていきました。「着ぐるみ」を脱ぐほどに、さまざまな知恵が自分のもとにやってきました。自然をベースにしたオルタナティブな知恵を少しずつ身につけ、自分を養い、自分と向き合い、こころやからだをケアしていきました。本当に「養った」ということばがぴったりです。その頃は、心理学・精神医学的なアプローチ以外のセラピーも、縁のあるものは積極的に受けていきました。

そうして、いよいよ、30代後半、自分で雑誌をたちあげようと決めて立ち上がったころから、さらに人生が大きく変わりはじめました。

最終的には、自分で雑誌をたちあげるために勇気を出して一歩踏み出したときに、何かが大きく音をたてて、「自分風」が思いっきり外れたのだと、今になってわかります。誰かを頼りにしないで、自分頼りで何かを本当にひとりきりではじめたのがあの時でした。わたしにとって、もし人生にシナリオがあるならば、「自分頼りで何かをたちあげる」というのはたいせつなシナリオのひとつだったように思います(人によって、シナリオは全部違うと思います。他の人と共同して何かに取り組むという人もいるでしょうし、何かを引き継いでそれを継続させるということがたいせつな人もいるでしょう)。

もちろん、最初の動きは自分ひとりでしたが、助けてくれる人はその都度《つど》現れ、あたらしい、さまざまな人たちとのであいによって、助けられ支えられて、本格的に自立していったのです。

今思っても、いちばん大きな「着ぐるみ」が身ぐるみ剝がされた瞬間はあのときでした。当時、わたしはリスクを背負い、一世一代の勇気を出しました。失敗したら潔く撤退しようと思っていました。責任を100パーセント自分で負うと、ようやく決めた瞬間だったともいえます。あの時が、いよいよ本格的にほんらいの自分へと一気に戻る瞬間でした。

でも、その瞬間がやってきたきっかけは、30代のはじめから、少しずつ少しずつ自分が自分をたいせつにしはじめたことだったのです。あの頃からコツコツと自分をたいせつにしはじめなければ、なにもはじまらなかったと、今では思います。自分をたいせつにすることで、自分の傷をケアし、エネルギーをため、自信がないなりに経験をつみ、ようやく勇気を出せる瞬間がやってきたのだと思います。

自分で自分をたいせつにしはじめたとき、わたしはボロボロな状態でした。それでも、たいせつにしはじめたのです。やれるところからはじめました。そうして、本当に、一枚一枚、服を脱いでいくように、自分に不要な、「自分風」が脱げていったのです。あんなひどい状態のわたしにできたのだから、みなさんにもかならずできます。

自分のことを全身全霊とりくむと

駆け足で振り返ったわたしの10代からの話は、事実からすると100万分の1くらいしかあらわせていないほどざっくりしたものです。別の側面に焦点をあてれば、たのしいこともうれしいこともすばらしいこともたくさんありました。ただ、今回のテーマに関わる重要な部分をピックアップすると、長きにわたり「自分風」だったし、自分の思ったようには人生が運ばなかった、となります。実際、うまくいかないと感じることが多かったのです。

その理由は、自分のなかにありました。わたしは自分をよくわかっていませんでした。ザ・「自分風」でした。傷ついていたことや、自分という存在の大きさ（魅力や才能）をいつも高く見積もりすぎたり、過小評価しすぎたりしていました。ものごとを見る目が歪んでいました。ほんらいの自分の声など聞くこともなく、いつも他人軸でした。人の目を気にして生きていました。自分がもともともっていた個性ということもあるし、生育歴のせいもあるだろうし、また、人生の課題でもあったと思います。

ただ、今わかることは、目の前のことに真摯《しんし》にむきあい、流れにそいながら、また考え、行動をあらためるなどしていくうちに、どんなに「ダメだ」と思っている自分の状況でも、何かしら風向きが変わったり、チャンス（リムジン）が訪れたり、助けてくれる存在が現れたりするものなのだということです。そうして同じあやまちを繰り返さなくなるのです。

自分の個性や育った環境がどうであれ、目の前の状況に対して自分なりに全身全霊で取り組めば、やりかたがどうであろうと、「自然」が、起こすことを起こす。人生の流れがしかるべき場所に自分を運ぶ、ということです。まちがっていればいつかはただされ、合っていれば合っているなりにものごとは動きます。だから、ほんらい、何をどうやっても「自然の法則」が自分を運んでいくものなのです。これは、どの人生のケースにもあてはまることだと思います。

そしてもうひとつ、どの人生にもあてはまるはずだと、自分の経験とたくさんの方々を観察して思うのが、「自分で自分をたいせつにする」「誰かをあてにせず、自分が自分の味方をしてあげる」「自分で自分を責めない」「自分をいつも〝どんな感じなのか〟見てあげて、共感し、どんな自分もまずは受け入れる」「自分で100パーセント自分の人生の責任をもつ」。ここからはじめるということです。

今どんな状態であれ、どんな自分であれ、それがいつであれ、たいせつにしはじめるのです。自分が自分にまず、やさしくするのです。ここをスタート地点にできたら、「自然」が運ぶスピードや順路も、よりスムーズになるはずです。

枯れた花だって、しおれた草だって、必要な水をあげたり、日光にあててあげたりすることがなければ、復活しません。まいたばかりの種ならばなおさら、しかるべき土、必要な温度など環境を整え、よく見守ってケアしてあげないと、うつくしい芽を出すことはできないのです。それを自分で自分にしてあげるのです。

さあ、いよいよ次の章から具体的に「自分をたいせつにする方法」をお伝えしていきます。もしぴん！　と直感が働いたら、すぐに実践してください。

種はまかなければ、刈り取ることができないのです。

■ワーク

具体的に自分をたいせつにする知恵をご紹介する前に、どんな人にもおすすめしたい、簡単にできるセルフケア法である半身浴と足湯《あしゆ》をご紹介します。ぴんときたら、ぜひ、すぐにはじめてみてください。

誰にでも知っておいてほしいセルフケア

□半身浴をしよう

自分をたいせつにする方法で、とても身近ですぐにできるのがこの半身浴です。ただし、「正しいやりかた」で行うのがポイントです。

わたしが行っている半身浴は、「冷えとり健康法」のやりかたで、下半身をあたためて血と気の巡りをよくするだけではなく、巡りをよくすることでからだの中の老廃物や有害物質を体外に出すことをたいせつにしています。いわゆる「デトックス」に最適なのが、この半身浴です。

特にからだやこころがたいへんなとき、どれだけこの半身浴にたすけられたかわかりません。そうしてもちろん元気なときだって半身浴を続けています。13年続けて、そのパワーを実感していますし、今でもわたしにとって「自分風」を脱いでいくための、とても実践的で重要な方法のひとつです。今やハミガキのように習慣になってしまっています。

からだが変わるとこころも変わります。

からだの循環がよくなると、こころの循環もよくなります。

ぜひ、日々の習慣に取り入れてみてください。

◆正しいやりかた

・みぞおちから下を、40度以下、体温以上のお湯につけて最低20分から30分以上入ります。

このとき、腕は出すようにします。

・もし寒く感じるようだったら、全身浴をしてから半身浴に移ってもよいですし、最初高めの温度で入ってから、40度以下にしてもよいです。またはお風呂から出る時に、温度を高めにして全身浴してから出てもよいです。

・温度計を用意しなくても、「少しぬるいな」と感じる温度だと、40度以下、体温以上になっていると思います。

・ぬるい温度で長く半身浴をすると、肉や魚を弱火で焼いたり煮たりしたときと同じように、からだの中までしっかり温めることができます。

（高い温度で短く入ると、肉や魚を強火で短く焼いたり煮たりしたとき同様、奥まで火が通らないことになります。）

◆留意点

・生理中なども、この「正しい方法」で行えば、半身浴をしてもかまいません。

・長時間入れば湯ざめはしません。

・体調が悪いなどの理由で半身浴ができないときは、熱めのお湯で足湯をします。このときは、少し汗がじんわりにじむくらい熱いお湯を足しながら行うのがポイントです。

・半身浴中に眠くなったら眠ってもかまいません。泥酔していなければ溺れることもありま

半身浴をしよう

足湯をしよう

せん。お湯がさめたら目が覚めますからそうしたらまた追焚《おいだ》きをするか、熱いお湯を足すようにします。

・入浴剤は入れても入れなくてもかまいません。

□足湯をしよう

半身浴ができないとき、冷えを強く感じるとき、体調がすぐれないときにおすすめです。

バケツにお湯を入れて、足だけ浸《つ》かります（膝下から浸かれるとよいですが、足首の上あたりから下でもよいです）。お湯の温度は気持ちのよい程度の熱さで30分以上。冷めてきたら、少しずつ熱いお湯を足して、最後の7～8分間は熱めにすると気持ちがよいです。

●第3章の参考図書　くわしくはこちらをお読みください。

『新版　万病を治す冷えとり健康法』進藤義晴（農山漁村文化協会）
『病気にならない冷えとり健康法――温めれば内臓から元気になる』進藤義晴（ＰＨＰ文庫）
『幸せになる医術　女性のためのもっとちゃんと「冷えとり」生活』進藤義晴、進藤幸恵（ＰＨ

P研究所）

わたしの冷えとり（半身浴）体験談は、『あたらしい自分になる本』『自由な自分になる本』（共にちくま文庫）にくわしいです。

第4章　さあ、自分をたいせつにしよう

自分をたいせつにするとは？

もし、いま、自分はかなりしあわせで、充実した日々を送っているという人は、幸福をより拡大していくために、ぜひ自分をたいせつにしてみてください。

まあまあしあわせだし、ふつうにやっていけていると思う人も、ぜひ、自分をもっとたいせつにしてみてください。

今、なにかもやもやしていたり、生きづらさがあったり、うまくいっていないことがあるなら、今の自分のまま、自分をたいせつにすることをすぐにはじめてみてください。

また、ここまで読んできて「自分風《じぶんふう》」の着ぐるみがすごいことになっていそうだともし思っていたら、ぜひ、今この瞬間から、自分をたいせつにしはじめてください。ここからのアイデアで、読んでいいなと思うものがあったら、即、生活に取り入れてみてください。

さらに、八方塞《はっぽうふさ》がりで自分ではもうどうしようもないところまで追い込まれている場合、

人生が行き詰まっていて何をしたらいいかわからない場合、「もう、なにもかもおしまいだ」と思っている場合も、ひとつでもいいから、自分の生活に取り入れてみてください。

やるとなったら素直に行うのがポイントです。ひねくれた気持ち、ものごとをねじって考えず、これまでの価値観をいったんゼロにして、ここは0歳になった気持ちで取り組むのが成功の秘訣です。

自分のまわりがすべて壁のように思えているときでさえ、自分のまわりにはほんとうは、窓や扉があります。それに気づかないだけなのです。

そうしてどんなときでも、あたらしい空気を自分のまわりに取り入れて、あたらしい扉をあけることができます。でも、まず、そのエネルギーを溜《た》めるために、自分をたいせつにするアイデアをひとつ、ふたつと実践してみます。

たいせつなのは、あせらないこととあきらめないことです。

自分くらいは自分のことをあきらめないで、やさしく味方してあげてください。

では、自分で自分をたいせつにするとは、どういうことを指すのでしょうか。

おさらいも含めて、もう一度書いてみます。

・自分が自分の味方をしてあげる
・自分で自分を責めない
・自分をいつも「どんな感じなのか」観察する
・自分が「どんな感じなのか」知っている
・どんな自分であれ共感し、どんな自分でもまずは受け入れる
・自分が自分に、まずやさしくする

さらに、こんなこともたいせつにすることに含まれます。

・違和感があることから遠ざかること
・マイペースでやること
・ゆっくり休んだり、ケアする時間をとってあげること
・自分の本心に嘘《うそ》をつかないこと
・ものごとをごまかしたり、隠したり、なかったことにしないこと

・自分の感情に気づいて、どんな感情であれ受け入れてあげること
・疲れる人間関係、違和感のある人間関係をつづけないこと
・こころが傷ついたら、からだが傷ついたときのようにケアすること
・自分に心底たのしいと思う瞬間を意識的にもたらすこと
・ほんとうにおいしいと思うもの、からだが欲するものを食べること
・人に認められるために他人軸で行動するのではなく、自分軸で行動すること
・恐怖心から行動しないで愛から行動すること
・自分自身やまわりに感謝と尊敬の気持ちをもつこと
・ときに自分にもあやまること
・こころもからだも健康でいられるように工夫すること
・自分のからだをていねいに扱いケアし続けること
・短い幸福を選ぼうとしているとき、長期的にも幸福かどうかを点検し続けていること
・自分の人生に自分が100パーセント責任をもっていること

ここに書いていないことで、もし思いつくものがあったら、それもぜひ、書き加えてみて

ください。

もちろん一度に全部を実践する必要はありません。でもどれかをはじめると、おのずと別の何かもはじまります。ポイントは、あせらないこと、あきらめないことでしたね。自分頼りに一歩一歩、とりくむことがたいせつです。

また、これらを利己的に、わがまま放題、自分勝手、自分本位の自己中心的にならずに、行うことがかならずできます。まわりの人と調和をとりながら、でも、自分をたいせつにする道はかならずあります。しかも、あたらしい時代は自分をたいせつにすることが、結果、まわりの人の幸福にもつながっていくという世界にどんどんなっていくようです。

個人が全体に合わせていた時代から、個人が個人としての自分をたいせつにしながら全体が自然に調和する時代に、今、大きく変化していっています。だからよけいに、ひとつスタートするとより加速度がついて、より自分をたいせつにしていけるはずです。

「自分風」を抜け出すために

表面をとりつくろい人に好かれようとするあまり、また、妙に高いプライドとまったくない自信のせいで、人は、「自分風」でいつづけ、本質的に生きていないから、本心に気づかず、嘘を無意識につくようになり（嘘といっても、本当にささいな、本人ですら気づかないような嘘のことです）、そのせいで、さらに自分をとりつくろうくせがついてしまっている場合があります。

その結果、知らぬうちに自分で自分を無自覚のうちに傷つけています。ほんとうの自分を無視するというかたちで、です。

かつてのわたしがそうだったように、なにごともないように振る舞っていると、どんどん、傷は放置され、あたらしい傷がそこに重なり、さらにごまかすことが増えていきます。着ぐるみはどんどん分厚くなっていきます。そうして自信はどんどんなくなっていき、罪悪感と自己卑下がどんどん強まっていきます。

この悪いループを断ち切るのは、ほかでもない、自分自身です。

繰り返しになりますが、「自分風」のまま生きたっていいんです。ただ、どこか生きづらさは続きます。さらに、同じような「問題」は繰り返し起こるでしょう。

外見を整えて、表面的な自分をかっこよく見せて、「自分風」のまま生きることを選択することもできます。ただし、その結果を負っていくのは、自分自身です。

そうではなくて、「自分風」をひとつでもふたつでも抜け出したいのなら、今の自分がたとえどんな自分であれ、たとえ自分のことがいやでたまらないとか、今の状況がつらくてしかたないとしても、そのままの状態で、まず、なにはともあれ、自分をたいせつにすることをスタートしてみてください。

これから書くワークの中からいいなと思うものを、最低21日間行ってみてください。21日間できたら、次は、3か月続けてみてください。

ワークは、「からだをたいせつにする」、「こころをたいせつにする」、「わたしをたいせつにする」3つのワークをご用意しました。いちばんは直感に従うことです。損得勘定ではなく、ぴんとくるもの、印象的なものから取り組んでください。何からやっていいかわからない方は、「おすすめプログラム」を参考にしてください。

21日間、3か月続けることはひとつのたいせつな目安です。もちろん1日、2日とできない日もあるかもしれません。そんな自分も大らかに受け入れながら続けます(1日2日できなかったぶん、プラスで1日2日行うなど調整してもよいですね)。生まれて今まで無視していたかもしれない自分とほんとうの意味で向き合うチャンスがやってきたのです。そうしてぜひ、気に入ったものを3か月過ぎたあともご自分の習慣にしてみてください。

からだをたいせつにするワーク

からだは、こころとつながっています。車でいうと、車体をさします。自分が自分をどう思っていようと、今日この瞬間から、自分のからだをたいせつにすることをこころがけてください。自転車だってタイヤの空気が抜けていたりギアが錆《さ》びて動かなくなったら修理しますよね。からだも同じことです。症状というかたちで出ていなくても、もうすぐ出る直前かもしれません。こういう状態を東洋医学では「未病」といいます。数値としては出ないけれど、症状が出る原因がたまっている状態です。

以下にご紹介するもので、ぴんときたものを実践してみてください（自分がぴんとくることがたいせつです。特にわからなければ、1から順番に行っていってもよいでしょう）。

からだをたいせつにすることは、もちろん各疾患の予防となりますし、免疫力、自己治癒力をアップさせ、より元気で過ごすためにもとてもたいせつなことです。

1　食べものは、本当に「おいしい！」と感じるものを食べるようにします。「頭」で食べないで、「からだ」で選んで食べるようにします。できれば、できたてのもの、手づくりのもの、旬のものので「おいしい！」と思うものを食べます。できるだけ純粋で良質なものを自分に与えるようにします。ただし、食べ過ぎないようにこころがけます。

2　からだをあたためます。特に下半身をあたためます。わたしは、「冷えとり健康法」という方法を実践しています。毎日半身浴を続けています（くわしくは130ページ、また、体験談は『あたらしい自分になる本』〔ちくま文庫〕にくわしいです。興味のあるかたは、読んでみてください）、自分の気にいった方法を見つけてみてください。

3　自分でからだをマッサージします。自分でするマッサージのおすすめの本を171ページに掲載しておきますね。YouTubeなどで探すのもおすすめです。わたしは、自分でできるものとしては、アーユルヴェーダのセルフマッサージや「ビジョンヨガ」（171ページの本参照）を続けています。

4　可能なかたは、ぜひマッサージに通ってください。できるかぎりでよいです。わたしは、整体や「直傳靈氣《じきでんれいき》」を定期的に受けています。機会が許せば、鍼灸《しんきゅう》やアロママッサージ、トレガーアプローチ（ミルトン・トレガー博士が開発したボディワーク。世界3大ボディワークのひとつともいわれる。ここちよく揺らす技法で骨格や筋肉全体がつながり、こころとからだが一体になる体験、自分自身とのつながりを感じる体験をする）、エサレンマッサージ（アメリカ「エサレン研究所」で生まれたオイルトリートメント)。「今ここに在る」感覚への気づきをもたらすローカヒ・ロミロミ(ハワイの伝統的な民間療法、ヒーリング法を取り入れた療法。ほんらいあるべき姿に自分を戻す)などを受けることもあります。信頼できる誰かにからだを触ってもらうことはとてもたいせつなことです。

5　とにかくこまめにからだを動かします。運動が好きな人は運動を、そうでない人は、意識的にたくさん歩いたり(目標は1日1時間~2時間です)、こまめに拭き掃除をしたり、よく動くことをこころがけます。あまり無理せず、いつもより少したくさん動くイメージでいいです。運動するだけで、気持ちが変わる人もたくさんいます。

6　朝日を浴びます。夜明けの光をたっぷり浴びます。

7　しょっちゅう鏡を見ます。そうして、慈愛に満ちた顔で、じっと自分の目を見て微笑みます。これは気づいたらいつも行います。

8　テレビ、新聞、YouTube、できればSNSをお休みします。はじめのうちは、日が暮れたら見ないようにするなど、時間を決めてスタートするのもよいでしょう。可能なら休日丸一日とかある期間(3日間)などとトライしてみてください。なお、わたしの周囲ではテレビを完全に観ない、SNSを全く見ない、という人も多いです。わたしはもう10年間家にテレビを置かず、一切見ていません。必要なニュースや情報はかならずどこかから耳に入ってきます。恐れずお休みをしてください。こころだけでなくからだもよく休まるはずです。

9 深く呼吸をする。腹式呼吸がおすすめです。口をすぼめて、ふーっとゆっくり息を吐きます。吐くときにおなかが凹《へこ》みます。十分吐ききったら息を少しだけとめます。次に、力をゆるめて口を閉じます。すると、自然に鼻から息がはいってきます。このときにおなかがふくらみます。からだのなかでコントロールできるのは唯一呼吸です。気分がすぐれないとき、気持ちを変えたいとき、この呼吸法をぜひ続けてみてください。

10 手で土に触れてください。頭に血がのぼり、腰から下が頼りなかった人も、からだがグラウンディングしてしっかり地に足をつけて、どっしりしてきます。森や公園、山へ行きましょう。裸足《はだし》で土に触れるのもおすすめです。海へ行って、砂浜を（できれば裸足で）歩くのもおすすめです。

11 木とともだちになります。木に背中をつけてしばらくたったままでいます。木からすばらしいエネルギーがからだに流れ込むのを感じます。

12 天然素材の服を身につけるようにします。綿、絹、麻、ウールなど、できるかぎり10

0パーセントのものを着てみます。古着で見つけるのもおすすめです。

13　自然に触れるようにします。空を見る、散歩する、海へ行く、山でハイキングをするなど。こういったことを日常の中に常に意識的に取り入れます。

☆おすすめセルフケアプログラム

◉気軽なトライをするなら──まず21日間

毎日（気づいたら、できるだけ）1、7、9

週末　2、3、5、6、8、11のうち3つを行う

できたら　4を月に1～2回

◉本気トライ──21日間、それができたら3か月チャレンジ

毎日1、2、3、5、6、7、8、9、12

週末10、11

月に1～2度（できるかぎり）4、13

◉本気の中の本気トライ―21日間続いたら3か月の習慣に

毎日1、2、3、5（1〜2時間歩くなど）、6、7、8、9、12、13

週末4（週1でマッサージを）、10、11

これに、さらに

・瞑想《めいそう》（自己流でやらず、かならず誰かに習って行ってください）

・プチ断食または断食（これも自己流でやらず、専門家について行ってください）

・デジタルデトックス（3日間）（携帯電話、パソコン、テレビ、ラジオ、またできれば新聞、週刊誌などからの情報を断つ）

・自然の中に長期滞在する

も取り入れるとなおすばらしいでしょう。

＊これらはあくまで目安です。この通りにやっても、自分でアレンジしてもよいです。無理なくわくわくするものから取り組むのもおすすめ。続けることがたいせつです。

こころをたいせつにするワーク

「よし、今日からこころを変えよう！」と思って変えられるほど簡単ではありません。ただ、具体的に、「ことば」を換えたり、習慣を変えることはできます。すると、こころが自然に変わっていきます。こころをたいせつにする方法をご紹介します。

1　ことばを換えます。もっと意識して使うのです。手はじめに「思っていること」と、「いうこと」を一致させるようにします。もし一致していないことをいったら、その都度いい直すようにします。

2　やわらかく、意味のあることばをてきかくに、はっきりと話すようにします。ネガティブなことばをつかったらいいかえてみます。

（例：雨が降っていやだなあ↓恵みの雨だなあ
　この庭、汚いなあ↓この庭、野生的だなあ。これからもっときれいにできるなあ
　つかれたなあ↓充実した時間だったなあ
　年をとったなあ↓成熟したなあ
　ひどい人だなあ↓個性的な人だなあ）

3　2の例を参考に、自己卑下することばを一切やめます。

4　誰かを批判したり悪口をいったりするのを一切やめます。

（どうしても愚痴をいいたくなったら、本人にいってください。誰かに誰かの愚痴を陰でいうのはやめます。愚痴は本人にいうのがいちばんです）

5 どんなできごとも、自分をほんらいの自分に戻すために起こっているのだ、すばらしい成長のためにあらわれているのだと捉えるようにします。

6 起こったことにさからわず、100パーセント自分の責任ととらえるようにします。

7 罪悪感や自己卑下の思いがたちあがってきたら、即座にその思いを断ちます。

8 毎日寝る前に、「ああ！　すばらしい一日だった」といってから寝ます。たとえそう思わなくてもいいます。朝起きたら「すばらしい一日がはじまった！」といって起きます。

9 毎日寝る前に、今日よかったことを10個あげます。そうして、からだをぽんぽんと叩《たた》きながら「◎◎ちゃん、よくやったね」とねぎらいます。かならずひとつは、自分をほめてください。いくつもあれば、いくつでもほめてあげてください。

10 エミール・クーエ（フランスで活動した自己暗示法の創始者）のことばをとなえます。「日々、あらゆる面で、わたしはますますよくなっていきます」。これを夜寝る前と朝起きたとき、できれば声に出して20回ずつ唱えます。

11 からだの部位や臓器に話しかけます。「肝臓さん、いつもありがとう。今どんな気分？」

など。あまり難しく考えず、気軽に実践します。

12　悩みごとや傷ついていることがあったら、それに取り組んでみます。専門家にアプローチしてもいいし、なにか解決策がないか本を読んだりしてもよいでしょう。解決する／しないではなく、アプローチをはじめることが、自分を味方することにつながります。

13　気が向かない場所へは行かない、気をつかう人間関係と距離を置くようにします。最初はお試しで問題めいたことが起こるかもしれません。でも、相手に率直に「いま、自分に集中している」とか、「体調がよくなくて、養生している」などといえばたいていはわかってもらえるはずです（それで終わる縁ならば、その程度の縁だったと悟るようにします）。まずは、自分を最優先するくせをつけます。3か月たって、どうしても会いたくなったらその人たちに会ったり、かつて行っていた場所へ行ってはどうでしょうか。ただし、ほとんどの場合が、行く必要性を感じないか、相手も誘ってこないはずです。

14　13までをたいせつにした上で、自分本位をやめます。あいさつする時は相手の目を見て気持ちよくあいさつする、仕事を渡す時は、仕事の相手がやりやすいように渡すなど、思いやりと愛をもって取り組みます。気をつかうのではなく、愛を行為で示すようにします。自己犠牲したりするのではなく、また無理をすることなく、相手の立場に立ってものごとを考えたり、やさしく思いやりをもったりするようにします。

☆おすすめセルフケアプログラム

◉気軽なトライをするなら―まず21日間
毎日挑戦1、2、3、4、5、8
週末　9、10、11、13

◉本気トライ―21日間、それができたら3か月チャレンジ
毎日挑戦1、2、3、4、5、6、7、8、9、10、11
週末12、13
できるかぎり14

◉本気の中の本気トライ―21日間続いたら3か月の習慣に
毎日1、2、3、4、5、6、7、8、9、10、11、13
週末　14

月のうちどこかで、12を本格的に
これに、さらに
・瞑想（自己流でやらず、かならず誰かに習って行ってください）
・プチ断食または断食（これも自己流でやらず、専門家について行ってください）
・デジタルデトックス（3日間）
・自然の中に長期滞在する
も取り入れるとなおすばらしいでしょう。
＊これらはあくまで目安です。この通りにやってみてもよいし、自分でアレンジしてもよいです。ぴんと直観が働くものから取り組んでみてください。

わたしをたいせつにするワーク

自分と向き合う時間をつくります。大人でも忙しい人がとても多く、意識的に自分と打ち合わせをしている人はまだまだ少ないです。ぜひ自分と打ち合わせをしたり、自分を観察したりするようにしてみてください。

1　自分と打ち合わせをしてください。ノートとペンをもって、これからどうしたいかとか、やりたいこと、思いついたこと、なんでも書いてみるのです。自分との打ち合わせはなかなか充実した機会になると思います。もし書くことがなければ、最近数日間でよかったこと、自分に対してほめてあげたいことをどんなことでもいいから書いてみます。ダメだしは絶対にしません。

2　人と自分を比べるのをいっさいやめます。比べるなら過去の自分と比べます。

3　いつも自分を観察しているようにします。疲れているのか、たのしいのか、しんどいのか、気をつかったり単なる情で行っていないか、恐怖心から行っているのか、愛から行っているのか、不安なのか、心配なのか、まず自分で自分をよく知っているようにこころがけます。

4　どんなことに反応するのか、観察します。誰かと話していて、違和感があったりつらくなったりするのはどういう場面でのことなのか観察します。そのときに自分のからだにどういう反応があるでしょうか？（胃がむかむかする、喉の奥が締め付けられるような感じがする、など）いつもからだで感じるようにしています。

5　ご褒美タイムをもってください。できれば、自分がいちばんしたいことをしてください。

もちろんできる範囲でですが、ほしいものを買ってください。食べたいものを食べてください。罪悪感をもたずに、自分を喜ばせるのです。

6 気をつかうのをやめます。リラックスできない場にもいないようにします。人よりも自分を最優先にします。そのことに罪悪感をもたないようにします。相手を傷つけず、こちらも嘘をつかずに、断る方法が必ずあります。ぜひ見つけて、堂々と、まわりに伝えるようにしてください。

7 本当にたのしいことだけをする時間を、1日5分でもいいからもつようにします。

8 思いっきり笑ったり、思いっきり泣くことを自分にもっと許します。ひまならば、コメディや落語、お笑いの芸を見て大笑いをして。ときにはたくさん泣ける映画をわざと見て、たっぷり泣きます。感情が出てきたときに、うまく感情を出しきれないときはノートにことばで書いたり、絵で描くのもおすすめです。割ってもいいお皿を袋にいれて、安全に、でも思いっきり割るのもよいでしょう。お皿がなければ、破っていい紙を大声をあげながらびりびりに破くのもおすすめです。感情を出しきってください。

9 日記を書きはじめてください。自分がその日どんなことを感じ、どんなことで傷つき、どんな反応をし、どんないいことがあり、どんなことに感謝の気持ちをもったのか。自分観察日記を書くのです。たくさん書かなくてもよいですが、感じたこと、本心を素直に書くようにします。

10 もし可能ならば、生まれてから今日までの年表をつくってみましょう。どんなときが大変でつらかったか、どんなときにたのしくて気楽だったか点検します。自分のバイオリズムがよくわかります。

11 家族の地図をつくって、ひとりひとりとの関係を書き出すのもおすすめです。その人たちのどういうところがすてきで、どういうところが自分にとってあまり得意ではないかなども書いてみます。

12 家族の口癖点検をします。家族がどういう口癖をよくいっていたか点検します。それを自分がどう思っていたか書き出してみます。

13 自分の得意なこと、自分でいいなと思っていること、おもしろいなと思っていること、たのしい瞬間のこと、ほめてもらったこと、これもどんどん書き出してみます。このときに一切ダメ出ししないのがポイントです。書けるだけ書いて、赤ペンで花丸をつけます。

14 ちいさなころ好きだった物語をもう一度読み直してみます。そこに、今の自分や「自分風」をかたちづくっている価値観が潜んでいる可能性があります。

15　自分の部屋を掃除します。床などの低い位置にあるものを処分するか、適切な場所に置いてください。さらにできれば、見てわくわくしないものは、いさぎよく処分します。「古い自分」を象徴していると思うものもいさぎよく処分します。損得勘定を抜きにするのがポイントです。

16　とにかく、思いっきりやってみたかったこと、やるとたのしいことだけをします。好きなことだけをするのです。ごろごろしたければただごろごろします。食べたいときに食べて寝たいときに寝ます。したいことがなければなにもしません。「やるべきと思っていること」をひとつもやらないでいるようにします。2週間行えたら最高です。

☆おすすめセルフケアプログラム

◉気軽なトライをするなら――まず21日間
毎日挑戦2、3、4、7
週末1、5、6、8、9
月のうちどこかで10、11、12、13、14、15

◉本気トライ&本気の中の本気トライ――21日間、それができたら3か月チャレンジ
毎日挑戦1、2、3、4、5、6、7、9
週末8、13、14、15
月のうちどこかで10、11、12
または、いきなり16をやる。

自分をたいせつにして、さて、どうなっていったのか？

これらは、わたしが実践してよかったというものばかりです。

わたし自身、28歳で大病を患ったときですら自分を省みることなく、ようやく30歳をすぎたあたりから、本当に少しずつ、自分をたいせつにする、ということをしはじめました。本当に、少しずつ少しずつ、古くなった価値観という名の「着ぐるみ」を脱いでいったのです。

ただし、本格的な自分へのケアに集中してとりくみはじめたのは、36歳頃からです。とても遅かったともいえるし、でも、わたしにとってはそれが最善最高のタイミングだったのかなとも思います。


ことばを換え、からだを熱心にケアし、放置していたこころの傷に取り組みました。放置

していた傷とは、たいていの人が、「たいしたことではない」と思っていることのなかに潜んでいることが多いです。

人と比べることなく、何歳だろうが、どんなタイミングだろうが、「いまだ」と直感したら取り組んでみてください（わたしの読者のかたで88歳で、半身浴をはじめ、数か月で体質改善ができたと長いおたよりをくださったかたもいます。人生で「遅い」ということはないのです）。

こういったセルフケアを実践して、1日2日ですぐに変化が現れたこともありましたし、1か月ほどで実感したものもあります。1年2年、さらに数年要したものもありました。いずれも必要な時間をかけて、「自分風」をやめ、ほんらいのわたしに戻っていきました。

自分をたいせつにしていく中で、人間関係や、仕事の環境、住む場所などもそれに応じて自然に変わっていきました。着る服が変わり、おそらくですが声も変わり（テープで自分の声をきくのがいやではなくなりました。以前は、録音した自分の声を聞くのがいやでしかたがなかったのです。「自分風」の声だったからではないかと自己分析しています）、何より体調が劇的に変わりました。もちろん、いきつもどりつしながらです。

そうして3年後あたりから、だんだんと「ほんらいの自分」のほうが優勢となっていった気がします。それでも「自分風」の「着ぐるみ」は、完全に脱げたということはなく、ほんらいの自分へ戻る旅をこの今も続けています。今でも、ふとしたことから「自分風」の「思い込み」に気づき、それを剝がしていく作業が必要になることももちろんあります。常に「自分風」は、ほんらいの自分に、「自分風」に戻らない？　と耳元でささやき、「圧」をかけてきます。でも、そのたびに、「ほんらいの自分」に戻るよう、自分で自分をたいせつにすること、ここまでで紹介してきたことをコツコツと行っていくようにするのです。

より具体的な方法を知りたいかた、より真剣にセルフケアをしたいかたは、171ページのおすすめの本をお読みください。

さて、わたし自身に起こった変化はこのようなものです。

・気をつかわなくなった
・かっこつけなくなった
・孤独感がなくなった
・「正しい」ではなく「たのしい」を優先できるようになった
・もやもやしたり、おなじことをぐるぐる考えてとまらないということがなくなった

・やりたい仕事しかしなくなった
・それでいて経済状態はしっかり整うようになった
・調和的な人間関係のみが残るようになった
・「問題」が起こっても対処のしかたがわかり、解決がスムーズになった（問題を問題と思わなくなった）
・なにか感情的になってもすぐにもとに戻るようになった
・こまめに動けるようになった
・からだもこころも見違えるほど健康になった
・いつもこころが甘やかでしっとり穏やかになった
・直感がさえるようになった
・たくさんのことに気づけるようになった
・ものごとの間があうようになった（シンクロニシティがたくさん起こるようになった）
・自分の意見を堂々と誰にでもわけへだてなくいえるようになった
・毎日充実していて、未来もたのしいと思え、過去をくよくよ思いなやまなくなった
・自分がどうしたらいいかがいつもわかるようになった

・人と比べなくなった
・まず自分を優先できるようになり、しかし同時に利他性も高まった
・罪悪感や無価値観をもたなくなった。もってても即座に気づいて解放できるようになった
・たいていきげんがいい自分になった
・先のことを心配しなくなった（なんとかなる、大丈夫という感覚がある）
・どんなことでも受け入れ、さからわず、満足するようになった
・自分に起こることは100パーセント自分の責任であるとわかるようになった

あくまで自分比です。過去の自分と比べてのことです。まだまだ道なかばです。だから誰かと比べたら足りないところはきっとたくさんあるでしょう。でもそのことで自分を卑下することなく、また開き直るわけでもなく、反省すべきは反省し、変えられることは変えられるように動き、待つべきものは待ち、受け入れるものは受け入れ、などしています。

何かを克服したわけではない

いずれにしても、どっぷり「自分風」だったときとはみちがえるほど違う自分になりまし

た。簡単にいえば、生きやすくなった、というのがいちばんかもしれません。生きるのが楽になり、堂々と安心して、ほがらかに、たのしく生きられるようになったのです。自分でいることの居心地がよくなった。自分でいることにしっくりくるようになったのです。きげんがよくなったともいえそうです。人に対して、役立っているという感覚も増しました。同時に人との境界線もここちよく引けるようになりました。

つまりは、「自分風」をやめて、ほんらいの自分になり自己一致すると、こういったことが誰にでも起こるのだとわたしは確信しています。

実際にわたしのまわりでも同じようなことが、あちこちで起こっています。

うつくしいことばが並ぶため、「完璧な人」みたいに思われる方もいるかもしれないけれど、ふだんのわたしをみたら、みなさん、「ぷぷっ」と吹き出すことがたくさんあると思います。ほんとうに「完璧」ではないんです。

できないことができるようになった、というわけでもないのです。なにか、自分にだめなところがあってそれを直したというわけでもありません。今でもできないことはたくさんあるし、人と比べれば「だめ」という点もたくさんあると思います。そうではなくて、できないことやだめなところも含めて受け入れられるようになった、ということなのです。何かを克服したりしたわけでもないのです。

　そうして、ただ、いま、自分の居心地がほんとうにいい、ということはまちがいがありません。そして、あきらめたり、あせったり、あてにしたり、ということもないのです。自分の深い部分に、こんこんと湧き出る泉のようなものがあり、しっかり根がはって、どっしりしていて、自分でやるぶんは、ここちよい状態で行える。自分が苦手なことや、できることとできないことがわかっていて、それも含めて自分だと受け入れることができる。できないことは、気持ちよく人に頼むことができる。そういう状態です。自力で生きているけれど、場面によっては堂々と他力本願になることもあるという感じです。

「自分風」に気づいて、「着ぐるみ」を脱ぎはじめると、誰かと比べてどう、ということではなく、自分にとって最適の豊かさが訪れるのだろうとほんとうに思います。また、一切なにも心配したり不安になったりしないのかというと、不安や心配になる瞬間もありますが、たいていはすぐに消えてしまい、今後なにか変化があったとしてもきっと大丈夫だろうという、自分を信頼する気持ちがベースにあります。居心地がよいと、そういう自分への安心感・安定感も生まれるのかもしれません。以前に比べたら肚《はら》がすわってきた、ということもいえるかもしれません。

ポイントは、なにかゴールを目指さないことかもしれません。こつこつと自分をたいせつにしていって、振り返ったら、なにかのゴールを越えていたというのが、あたらしい時代のやりかたかなと感じています。条件つきでそれが叶ったら幸福になるとか、願望を引き寄せるといった世界とも一線を画した方法です。やると決めたら、ただ、やる。ここからすべてははじまります。

自分が変わると世界が変わる

自分が世界をどう見るかということが、「世界」だとわたしは思っています。

自分をたいせつにし、自分がほんらいの自分になっていくと、世界が変わります。そして未来も、さらには過去も変わるのです。「ものの見方」が変わるとは、過去をも書き換えてしまうほどインパクトの大きいものです。実際は過去の見え方が変わるのですが、過去が変わるという体感があるほどに変わります。

世界やまわりの人や、なにかの条件がよくなるから、自分もよくなるのではありません。「お金持ちになったら」「あの学校へ行けたら」「あの仕事に就《つ》けたら」「恋人ができたら」「結婚したら」「子どもがいたら」「すばらしい家族がいたら」よくなるわけではないのです。

ほんとうの幸福とは、条件づけでなるものではありません。

ほんらいの自分になっている状態つまり自己一致した状態になると、おのずと、自分でいることの居心地がよくなり、自分を好きな状態が続くようになり、自分を愛する方向へシフトしていきます。何を幸福と呼ぶかは、人によると思いますが、わたしは、自分が自分をだめだなと思うところも含めて受け入れて愛している状態を、幸福と呼ばないで何と呼ぶのだろうと思ったりもします。

自分を好きって、誰かに恋しているみたいな状態になったり、大声で「わたしはわたしのことが大好きでーす！」と宣言したりするようなものではないのです。繰り返しになりますが、「～だから自分のことが好き。自分を認める」という条件付きの愛でもありません。

ただ、そっと小川が流れているように、鳥が気持ちよく空を飛んでいるように、ただ自分で在る状態が心地いい、自分自身でいることがとても楽だ、という状態を指すのです。あるものもないものも含めていいと思える。ある意味では「無」です。小川が小川である状態は「無」の状態であるといってもよいでしょう。いつも、自分のなかにある、誰にでもあるあの光が静かに、うつくしく光るのを自分自身でもわかっている状態です。そうして周囲と一体になってとけ合っているような、自分は確かに存在しているけれど、気持ちよく消えてしまっているような状態です。

ただそのためには、「自分をたいせつにすること」を、いいかげんではなく、本当の意味でぜひ、惜しまず実践し、続けていただきたいなと思います。ここは根気よく、あきらめずに取り組んでほしいです。自分だけは自分を見捨てないでほしいのです。

3か月を目安としましたが、着ている古い「着ぐるみ」（衣服、仮面、サングラス）がたくさんだったり重かったりする人は、わたしがそうだったようにもっと時間を要するかもしれません。

自分を点検する方法

とてもおもしろい話があるのですが、これまでの経験上、セルフケアを本格的にやっていない人や、傷がまだ残っている人ほど「わたしは十分これまで自分のことに取り組んできた」とついまわりにいってしまう傾向にあるような気がします（もちろんそうでない場合もあります）。表面上は「もう大丈夫」という顔をしたり、自信があるといったことをわざわざいったりもします。印象としてはどこか強がっているという感じでしょうか。

一方で、ある程度まで進んでいる、ある段階まできた人は、「まだまだ自分にはやることがある」と発言する傾向がある気がします。そうして深い自信に溢れていながらとても謙虚です。落ち着いています。その違いは、誰が見ても、わかると思います。「傷に気づいていない人、傷を見たくない人、傷を否定している人、克服しなければと思っている人」と「傷を含めて自分だと認めている人」との違いは、やっぱり、表面に出てしまうものなのかもしれません。

だから、ある程度進んで「自分はもう十分やった」などと思ったら、危ういかもしれないと思って、よく点検したほうがいいかもしれません。「まだまだやることがあるな」と思い、でも、あせってもいなくて、まわりとも十分調和していて、よりよくなろうとする自分がいるならば、自分をずいぶんたいせつにしている状態だといってよいかもしれません。

あせらずに、こつこつと続けていただけたらと思います。

わたしも、この今も「自分風」の点検を怠らず、「着ぐるみ」チェックをし続けています。一生続けるつもりです。

なにせ、自分をたいせつにする行動をして、誰かに迷惑をかけることはないはずです。

勉強で忙しい受験生や部活が忙しいスポーツ選手ならなおさら、育児や介護など誰かの世話をされている方々も、子どもや高齢者、つれあいに迷惑をかけることなく、できることがきっとあるはずです。自分で工夫をして、やれることから取り組み、自分をたいせつにしてください。忙しい人、過酷な体験をしてきた人、厳しい道を選んでいる人、誰かの世話をしている人こそ、セルフケアが必要です。

自分が自分にやさしくなると、まわりの人も本当に変化します（ぜひ観察してみてください。驚くことが起こるはずです）。あなたに好意的になったり、相手もやさしいことばを本当に使うようになったり、あるいは、周波数があまりに違ってくると、自然に、調和を取るために離れることになる場合もあるでしょう。

人間関係が変わることを恐れないことです。人にどう思われるかを基軸にしないこと、人の目を気にしないこともたいせつです。誰かにきらわれるのを恐れるより、自分が自分を認めていることのほうが何万倍もたいせつなことです。

自分くらいは自分の味方であることをこころがけてください。

これまでとにかく「自分風」を装うのに労力をつかっていたぶん、ほんらいの自分の存在を、無視していました。これはある意味ではひどい暴力なのです。自分で自分に暴力をふるってきました。ただその状態が続いていたため、急にストップできないかたもいると思います。自分で自分を傷つけることは急にはやめられないというか、それをやめたら自分でなくなるような気がしてしまうのです。

でも、自分でなくなるような気がするのは、「自分風」のほうの偽の自分です。もっといえばエゴのほうなのです。我執《がしゅう》がそうしむけるのです。

そういった「古い声」「重い声」にひっぱられないで、こつこつと自分をたいせつにしてください。毎日の習慣にしてしまってください。引き戻されそうになるたびに、たいせつにすることを実践します。あせらずあきらめず、続けてください。たいせつにする行為を続けることが、「古い声」「重い声」に引っ張られない唯一のお守りそのものとなります。

■ワーク

さあ、あたたかい白湯《さゆ》やおいしいお茶を用意してさっそく、この章でご紹介した3つのワークを実践する計画を立ててみましょう。

1　お気に入りのノートを一冊用意します。

2　ノートとペンをもって、本書143ページからの、「からだをたいせつにする」「こころをたいせつにする」「わたしをたいせつにする」ワークのどれをやるか、計画を立ててみます。

3　21日間、そこまでできたら次は3か月間とりくみます。
4　本書37～38ページの「今の気分」を点検してメモを残しておきましょう。
5　気がついたことを、ノートにどんどん書いていきましょう。
6　21日後、あるいは3か月後、「今の気分」や、「自分をたいせつにしている」かどうか138～139ページを参考にチェックしてみましょう。

●第4章の参考図書

※セルフマッサージ、ヨガ、呼吸法でわたしが試してみてよかったものの参考資料はこちらです。

『黄金のアーユルヴェーダ・セルフマッサージ――1日10分 伝統のデトックス法で奇跡の美肌』臼井幸治、蓮村誠・監修（河出書房新社）
『大石健一のビジョンヨガ熟睡法』大石健一（宝島社）
『直傳靈氣《じきでんれいき》 The Roots of REIKI――レイキの真実と歩み』山口忠夫（BABジャパン）
『呼吸の本』谷川俊太郎、加藤俊朗（サンガ）
『恋愛呼吸』服部みれい、加藤俊朗（中央公論新社）

第5章　自分をたいせつにするためのちいさな知恵袋

さて、この章では自分をたいせつにしていくときに知っておくと安心していられたり、ここぞというときに力が湧いてくる、また落ち込んだ時に何かヒントがもたらされる、そんなちいさな知恵を、この本を読んでいるあなたにそっとお伝えします。

最初から自信がある人はいない

まず、自分をたいせつにし、愛していく上で、非常に重要な「自信」についてお話ししたいと思います。

まぎれもなく自分がそうだったように、いろいろな若い方々とお会いして感じるのは、「自信がなくて、過度にプライドが高い人」がとても多いということです。

本物の自信がある人は、過度にプライドが高いということはありません。本物であればあるほど、一流の人であればあるほど、謙虚です。謙虚で、安定した誇りがあり、まわりの人や環境への感謝や尊敬・尊重の気持ちが豊富にあるものです。

同時に、何かまちがいを起こしたとき、即座に謝罪し、そのまちがいに対して責任をとることができます。しかも、過度に動揺することなく（自分の存在を揺るがされることなく）、謝罪ができます。これが責任をとって生きているということです。

本物の自信のある自立した人とは、何かを受け取るときも十分受け取り、それにしかるべき感謝の気持ちをもつことができ、何かまちがった場合でもそれを十分に受け入れて謝罪をし、かつ堂々としていることができます。同時に、自分から溢《あふ》れた愛を、誰かに分け与えてもいます。

結局のところ過度にプライドが高いというのは、自信がないことの裏返しなのではないでしょうか。自信がないから、上から目線でいないと自分が守れないと思い込んでいるのです。でもほんとうに自信があったなら、上から目線でも下から目線でもなくなります。あけっぴろげの自分でいながらも、誰からも介入されなくなります。自他の境界線がはっきりしてくるのです。過度にプライドをもったり、高い壁をつくらなくても、落ちついて自分自身でいられるのです。

さて、若い時期は自信がない状態がふつうです。それが健全な状態なのです。

若いうちからやたらと自信があるというのは、自分のことをまちがって認識しているか、あるいは、ちいさなころから尋常ではない経験をたくさん積んで、その人なりの自信をもつにいたったかのどちらかだと思います。

では、自信ってどんなふうについていくのでしょうか。

わたしは、ほんとうの意味で自分で何かを選び、何かを決定し、何か行動をとって、うまくいき、自分も納得がいくし、まわりからも評価されたという経験をしたときに自信がつくと思っています。

山に登ると決めて、どの山にするか選び、山に登り、苦しいこともたのしいことも経験し達成感を味わい、まわりからも山に登ったということが認知される。このときに自信というのはつくのですね。やたらと自信がないというのは、「山に登ったことがない」こととも関係があるかもしれません。

また逆に「自分は理由もわからない自信がある」という人もいますが、あまり過度にいう場合は、自分でも気づかない部分で自信がないのではないでしょうか。なぜなら、ほんとうに自信がある人は、「自分に自信がある」とわざわざ明言しないからです。過度にいう場合は、どこかに小心が隠れているものです。ほんとうの自信というのは、だまっていても、何かその人から静かに溢れ出る魅力があり、実際にまわりの人々に役立っているものなのだろ

う と思います。

自信とは、ごくごく静かにその人を支え、何が起こってもその人自身でいることを担保する非常に尊い礎《いしずえ》です。

何をもって完璧というのか

もうひとつ若い時期にありがちな精神状態に、完璧主義があります。

なんでもきちんと全部うまくいかせようとする人が多い気がします。0か100かで思考してしまうのですね。ところが、うまくいかせようとするほど、完璧を目指せば目指すほど、うまくいかず、不完全になります。さらには、なんでもできないといけないと思い込んでいる場合もあります。

想像してみてほしいのです。野球選手で4番バッターで、編み物も得意で、育児を完璧にこなし、事務作業も万全で、スキンケアも完璧、シワやシミやソバカスはひとつもなく、畑でおいしい作物をつくって、絵を描かせれば一流、音楽は天才肌、車の運転はプロ級で、サーフィンをさせれば世界大会優勝、病気や怪我を一度もしたことがなく、医学に関しては医者なみの知識があって、漬物をつけたら日本一、味噌《みそ》づくりでは販売もしていて、井戸水がどこに湧き出るか直感で当てられる……なんて人はいないですよね。

わざと大げさに書きましたが、でもからだもこころもひとつなのに、あれもこれも叶えようとするケースは現代人によくみられるパターンのひとつという気がします。

人には、得意なことと不得意なことがあります。好きなことと好きじゃないことがあります。できることとできないことがあって当然なのです。

なのに、あれもこれもやろうとしてしまいます。そしてたいして取り組んでもいないうちから、少しでもできないと「だめだ」などと自己卑下してしまう人もいるようです。

だいたい何かものすごく秀でたものがある必要もないです。同時にどんな場合でも、生きているということにはなんらかの意味があります。

何かひとつでも好きなものがあったり、やれば楽にできて得意だなと思うことがあったら、本当はもう充分なはずなのです。

またたとえ今はできなくてもやってみようと思うこと、やってみたいと感じることがあることが、ただただすばらしいのです。現代人はなんでもすぐに「できない」と情けなく思ったり自分を責めたりする傾向が少なからずある気がします。もしもそういう癖があるならまずは、すぐに「できない」といったり思ったりする癖をやめてみてください。「できない」

ということは恥ずかしいことではありません。もうしわけないことでもありません。

「できない」からわかる心情や、「ない」ことで完璧になるというふしぎさがこの世界にはあります。だいたい、何か足りない人たちが集まるから、助け合うことが起こり、助け合うから、ひとりでやるよりもより大きなことができたりもするわけです。またよく目を凝らせば、「できていること」もきっとたくさんあるし、これから「できるようになること」もきっとたくさんあるのです。自分しだいなのです。「ないもの」ではなく「あるもの」を数えられるといいです。0か100かではなく、20、30の自分も認めてあげてほしいです。そうしてさまざまな体験を重ねていった結果、自分にはできることとできないことがある、ということを等身大で受け入れられるといいです。

人間は、完全で同時に不完全です。

こうしてこの地上に生まれてこうして生きているということ自体が、この世界に肯定されている証《あかし》だとわたしは考えます。自然界の存在で考えればわかります。虫や鳥や花は、ただその存在が肯定されているから、その場に在るわけです。そうしてただ虫が虫であり、鳥が鳥であり、花が花であることでまわりに役立ち、調和のひとつになっています。

人だって誰しも、もともと、ただ在るだけで完璧です。

それをベースにしながら、不完全さをたのしんでいる存在なのです。

全部なにもかも思い通り、予定通り、何もしなくても何事も完全にできてしまうとなったら、この人生を送らなくてもいいわけです。そう思いませんか？　なにも勉強しなくても100点が取れる、なにもしなくても絵を描けばヨーロッパの美術館に飾られる絵になる、仕事をすれば完璧で、料理をすれば一流ホテルと同じ味になる、育児をすれば完璧な親である、寝ているうちに宿題が完全にできている……ってなったら、きっと、とてつもなく毎日退屈だと思います。

完全なる人間として生まれ、でも、不完全だから、この地球をたのしめるのです。それは一見マイナスに見えることも含めてたのしんでいるという意味です。

今までの章で、この地球での生活をマラソン大会や舞台や遊園地になぞらえてお話ししましたが、そういった中で、失敗したり、うまくいったり、ドキッとしたり、ヒヤッとしたり、あるいは、感極まったり、くやしい思いをしたり、怒ったり悲しんだりしながら、そう、たくさんの感情を体験しながら、自分自身が進化していくのをたのしんでいるのが人間という存在なのです。ほんらいの自分への進化・成長を体験して味わっている存在です。

もっといえば、わたしは、たのしむために、最初は「自信がない」という状態からスタートするのだろうと感じています。

だから、今は底抜けに自信がなくとも、ひとつひとつ、興味がもてるものに挑戦し、うまくいったりいかなかったりしながら自信をつけていってください。自信は自分で行動して、積みあげていくものです。あせらないことです。本当は自信がないのに妙なプライドで自信があるみたいな態度をとって自分をごまかさないことです。どんなに取りつくろってもわかる人にはすぐにバレてしまいます。わからないことはわからない、できないことはできない、と正直に過不足なくいえばいいのです。でも、挑戦するからには「できる」と思って取り組みたいですね。

自信がない自分は、まだ建っていない家のようなものです。

家も土地をならして、基礎をつくり、そこから順番に建てていきますよね。いきなり屋根があったり、窓だけ先につくというのは、現状ではありえないことです。それと同じように、基礎から少しずつ自信を積み上げていくイメージでこつこつと行動を続けてみてください。

それは、恋愛でも仕事でも人間関係でも趣味でもなんでも同じことです。家を建てるときに「家なんか建つわけがない」といいながら家を建てる人っていませんよね。かならず「できる」「家は建つ」ということをこころにおいて、目標をもち、設計図を描いてつくりはじめ

るはずです。なにごとも同じです。途中で困ったら、誰かに相談したり誰かに手助けしてもらったっていいわけです。

具体的な感情を伴って、「できる」と思い描くこともほんとうにたいせつなことです。実践する前に、「もうできた」と思ってみることもとても重要です。そのときの気持ちを先に味わうのです。

たとえば先に「できた」ことにして、先にお祝いするのもおすすめです。ワークショップなどで受講者のみなさんに、「先にお祝いする」という体験をしてもらっていますが、どのかたも、すらすらと（まだしていないのに）成功体験や、どんなところがよかったかなどお話しされます。すごくわくわくしてたのしい時間になります。

ぜひ、自分ひとりでも、「勝利者インタビュー」を自分でつくってみたり、ラジオか何かに出演して成功の秘訣をインタビューされていると思って、答えたりしてみてください。自分がすらすらと話すことのなかに、予想もしないような、成功のためのヒントが隠されていることもあります。

自分はまっさらな土地だと思えば逆に清々《すがすが》しくもありませんか？

どんな家だってこれから望み通りに建てられるのです。家が建つかどうか心配せず、家を建てはじめることがたいせつです。**できるか／できないかではなくて、やるか／やらないか、**です。

年齢も関係ありません。60歳ではじめての職場で働きはじめる人は、それまでのキャリアがどうであれ、その場所で仕事をすることへの自信はないはずです。80歳でピアノをはじめた人がいるとしましょう。この人だって、最初は自信がないはずです。そうしてレッスンを繰り返すうちに自信がついていきます。

年齢をいくら重ねていようと、自分が行動したことがなく、それによる評価が定まらないものについては自信がなくて当然なのです。

そして何より大事なことは、自信のない自分をまずは自分が許して、受け入れてあげることです。だいたいひとつも悪いことをしていないし、そもそも、何もしていないうちは自信がないものなのだ、と受け入れてほしいです。何も行動をはじめていないのに自信があるわけがないのです。

大人になりたてなのであればなおさらです。はじめて子どもをうんだ女性は子育てに自信がなくて当然です。誰もがそうなのです。そこから学べばいいだけです。家をこれから建てる前なのに、建っているかのように振る舞ったり、建っていないことをもうしわけなく思わないことです。自信がない自分も、まずは肯定して抱きしめてあげてください。自信がない自分にいちばんしてほしいことは、自信がない自分をそのまま受け入れてあげるということです。

まっさらな土地万歳！　と、堂々とした気持ちで、今の自分を祝福してください。マイナスならなおさら。もうあがっていくだけ、積み上げていくだけなのです。

どうやって自信をつけていくか

これらのことを前提として、自信という名の家を建てていくうえでのいくつかのヒントについてお話しします。

まず、家を建てるときのことを想像するとわかると思うのですが、気力・体力が必要ですよね。なにかすごく落ち込んでいるとか、体力が落ちているとか、たいへんな問題を抱えているとかで、エネルギーが充分に満たされていないときに何かをはじめても、思うようにうまくいかなかったり、ちょっとしたことでつまずいて落ち込んでしまったりするかもしれません。

前章でご紹介した、何かにとりくみはじめるときには、自分をたいせつにする方法をぜひ強化して実践し、**自分へのケアをたっぷり行いながら取り組むようにします。エネルギーがしっかり溜《た》まっていること、あるいは、エネルギーを補塡《ほてん》しながら行うことは、想像以上に必要なことです。**また自分がフラフラでカラカラならば存分に休息をとることを、まず自分に許しましょう。

また、**これまでの過去のことはいったん机の引き出しにしまいます。**なかったことにするわけでは決してありません。でも、いったん、脇に置いておくのです。最初にまず、たとえ好きじゃなかった過去、たのしくなかった過去、うまくいかなかった過去だとしても、**その**

過去（の自分）を想像のなかで抱きしめて、感謝の気持ちを送ります。実際にこころのなかであたたかな光に包まれるところをイメージするのもおすすめです（わたしは、過去のたいへんだったときの自分に、想像上で戻って、「だいじょうぶだよ」とか、「もうすぐ乗り越えられるからね」と声をかけることもあります。想像の中でやさしく背中をさすってあげたりしてもいいですね。あくまでこころの中で行うものですが、実際やってみると、なにか体感があるはずです）。

過去がどうであれ、過去のいろいろなことがあったから、今の自分がここにいるわけです。ただし、繰り返しているパターンが現時点で見つけられたら今後とても強みになるはずです。むしろそれに気づくためにいろいろなことは起こったのかもしれません。自覚的に捉えるようにしてみます。

そうして、過去は、潔くいったん宇宙の空のかなたに飛ばしてしまいましょう。過去ごと、「えい」と飛ばしてしまうのです。そうして自分のなかを空っぽにします。ゼロにします。潔く、捨てるんです。そうして、行動を変えます。これまでとはやり方を変えてみるのです。

最初の一歩は、ちいさくていねいに行います。野球をはじめた初日に、ロサンゼルスのドジャーズの球場でホームランを打つことはできないですよね。大きくふりかざさないことです。ちいさな一歩を少しずつ積み上げていくイメージをもちます。家ならば、土台をひとつひとつていねいにつくっていくイメージです。

最初の一歩は、誰でも勇気がいります。でも、勇気を出しただけのことは起こります。**勇気を出すと、その瞬間に、とてもすばらしい周波数になるようです。**周波数が変わるわけですから、その周波数に合ったことが起こると思っていてください（勇気を出すとは、それほど尊いことなのです）。

そのためには、失敗したらいつでもやりなおせるという気持ちではじめてはどうでしょうか。やらずに後悔するより、やって後悔したほうがいいという気持ちがもてたら、きっと第一歩を踏み出すことができそうです。

あたらしいことをはじめると、住む場所が変わったり、人間関係が変わったり、孤独を感じたりすることがあるかもしれません。でも、家を建てているのと同時に宴会はできないのです。家を建てている最中に海辺でデートはできません。からだはふたつありません。

家を建ててからまた人と会えばよいくらいの気持ちで、自分のことにいましばらく集中し、堂々と誇りをもって取り組んでください。もちろん、誰かを傷つけたりしていいというわけではありません。嘘《うそ》をつかず、正直に今の自分の状況を話して、また会おうねといってみてください。それで離れていく人はいないでしょうし、もし離れるならばその程度のご縁だったということです。ほんとうの友情か必要な人間関係かどうかを測るいい機会、くらいに思っていればよいいと思います。

「成功と失敗」ではない、「成功と学び」があるだけ

ぜひ、見本にするのは、自分が建てたいような家を建てている人、つまり自分が見てすてきだなと思う人、純粋にいいなと思う人にしてください。また、名人、達人、たのしそうだな、うつくしいなと感じられる人をお手本にします。失敗した人を見る必要はありません。人の失敗から学ぶ人もいるかもしれませんが、わたしは成功から学ぶのが近道だと思います。何かを習得するときのとてもたいせつな方法のひとつだと思っています。

ただし、成功しているように見える人は、必ず、過去にたくさんの挫折と失敗があることを知っていてください。外側に見えている「情報」としては、「うまくいっている側面」しか見えなかったりしますが、でも、成功している人は、まちがいなく挫折しても失敗しても、そのたびに立ちあがってやり続けてきたから今があるのです。輝きが多い人ほど、それまでの闇も多いのです。闇の部分は、外側に出てこないだけで、必ずあります。闇が濃いぶん、光の部分が輝いてみえるのです。そのことをぜひ覚えていてください。

もうひとつ、たいせつなことは、この世界には、「成功と失敗」があるのではなくて、「成功と学び」があるだけだという事実です。もちろん、「成功と失敗がある世界だ」とこの世界を認知することもできます。その人の自由です。そう信じたら、その人は「成功と失敗がある世界」に住むことになります。

一方で、「成功と学びだけの世界」を選ぶこともできます。学びは失敗から得ることができます。だから、どれだけ失敗しても、それが学びになっていきます。さあ、どちらの世界を選びますか？　どちらでもあなたの好きな世界を選んでください。

あるところまで進んでいくと、「自分風」をさらに脱いで行くために、立ち止まらなければならなくなる瞬間も訪れるでしょう。繰り返しているパターンの見直しを迫られたり（これは何度もきます。乗り越えられなさそうに見えるものが何度も何度もあらわれて、「これまでではないやりかたを選択してください」と迫ってくるのです）、あるいは、過去の傷と向き合わなければならなくなる場合もあるでしょう。

自信をつけるために、自分の不得意分野をとことん鍛え上げる時期が必要となるかもしれませんし、たとえば、前に進めなくしていることの原因かもしれない罪悪感や無価値観について、幼少期に戻ってケアをする必要が出てくる人もいるでしょう（ここでこころの奥底にいったんしまいこんだ、あるいは引き出しにしまった、宇宙に飛ばした「過去」を見つめて解放する必要がでてくる人もいるかもしれません。また、こころの中の「過去」は、家を建てていく中でかたちを変容させたり、あるいは自然消滅したりする場合もあると思います。ケースバイケースとなりそうです)。

しかし、どの瞬間も、ただただありがたいのです。家のガラクタを、お客さまがきたからといって押入れに詰め込んでなかったことにしているだけだったのを、押入れから出して、整理するときが訪れたというのと同じなのです(この整理が必要ない人は、ほとんどいないといってもいいようです)。人によっては、この整理をするために、何か目的をもって進みはじめたと思う人さえいるはずです。それも真実だと思います。

場合によっては、自分ひとりで取り組まず、専門家(心理カウンセラーや、信頼できる各種セラピストなど)に力を借りて、過去の自分のケアをしてください。わたし自身もどれくらい行ってきたかわかりません。今でもこまかな点検を怠らないようにしています。「自分風」は、もうすっかり脱いだと思ってからでも、まだまだ身につけているものなのです。

祝い、休み、点検を続けよう

さらには、ちいさな一歩を踏み出したとき、なにか気づきを得て少しずつうまくいきはじめた節目節目で、**どうぞ、お祝いをしてください**。自分ひとりでもかまいません。ごほうびにおいしいものを食べてもいいし、ちいさな旅や気持ちのよいマッサージをプレゼントしてもよいでしょう。ひとりで打ち上げをしてもよいですね。ひとつひとつ、自分を褒めて、お祝いする癖をつけます。

もしも途中で疲れたり、つまずいたりしたら、しっかり休みます。休養のたいせつさはどれだけいってもいい足りないほどです。止まったり、休んだりすることで、ここまで経験したことがより深まるということもあります。がんばらないことがたいせつです。がんばらずにできること、楽に努力できることを続けてください。そうして続けていき、評価された時に、ほんとうに自信がついていきます。

この営みを1か月2か月というスパンではなくて人によっては3年5年、さらには、10年20年といったゆったりとしたペースを与えて、焦らずに続けることも必要です。

違和感を感じることには注意深く対応してください。場合によっては即座に離れてください。「自分風」の自分が逃げたがっているのか、本質からずれているせいで違和感を感じているのかは、自分自身の内側にきけば必ずわかるはずです。誰かに相談してはいけないとはいいませんが、最終的には自分が選び、その選んだ方向に責任をもってください。

自信があるという確信がある人はそのまま進んでください。ただし、何度もいいますが、大言壮語《たいげんそうご》をやたらと吐きたくなっている場合、自分のなかに小心や臆病さ、自信のなさ、傷、もの足りない感覚があるのではないか、やり残していることがないか点検してください。

罪悪感と自己卑下について

自信をつけていくときに、どんな人も、必ず見直していただきたいことがあります。それは罪悪感です。自分でも気づかないうちに、罪悪感をもちながら暮らしている人が信じられないくらい多いのです。ほとんどの人が罪悪感とともに生きているといってもいいかもしれません。

もうひとつ、自己卑下の気持ちをベースにしている人もとても多いです。罪悪感と自己卑下する気持ちが、あまりに深く潜在意識に入っているため、あらためて机の上に出してみないと、誰も気づけないくらいになっています。

まず罪悪感から考えてみたいと思います。

わたしは、この宇宙には、そもそも善悪は存在しないと思っています。そう思っていないかたでも、一度そうかもしれないと仮定してみてほしいのです。ただし第2章で書いたとおり、自然の法則はあります。まいた種しか刈り取らない、とか、類は友を呼ぶ、などです。

たとえば、「人のものを盗んだ」という人がいるとします。もちろん法治国家のもとでは、その国の法律で裁かれるでしょう。法を犯していなかったとしても、誰かに叱られたり、誰かに謝罪したりすることもでてくるはずです。自然の法則でいえば、人のものを盗んだという種をまけば、なんらかの結果をその人が受け取るというふうに考えることができます。その結果が何なのか……叱られるのか、法で裁かれるのか、その人もまた何かを盗まれるのか、は、その人・その時々によるでしょう。

「人のものを盗んだ」という人は、罪の意識をもつべきでしょうか？　わたしは、本質的には罪の意識をもつというよりも、こころからの謝罪とともに、壮大な自然の法則の中で、自分の行為がそのあと何らかの結果として我が身にふりかかることでしか学べないと究極的には思っています。実際、この世界はそのように動いているようにわたしには見えます。そうして何よりこころから反省することのほうが大事だと思っています。なぜ罪を繰り返す人がいるのか。罪の意識をもつ／もたないよりも、そもそもなぜそのことをしたのかという、本人とまわりの人間による根本的な理解、そして本質的な反省がないからではないのかと思うのです。

たとえば、仕事でよくミスをするCさんという人がいたとします。ミスをするたびに「ああ、やっぱりわたしは実力がない」とか、「どうして自分はこんなにダメなんだろう」とか、「まわりの人に迷惑をかけてしまう」と自分を責めたり、落ち込んだりしています。

ところが、Cさんは、ほんとうの意味での反省をしていません。どうしてそういうミスが起こるのか、またミスをしないためにどういう方法をとったらいいか、現実的に考えたり、工夫をしたり、実践したりはしていません（なんらかの理由でできないのかもしれません）。ミスをしたことは結果、Cさん自身が尻拭いをしなければなりません。それはもちろんわかりやすく、収入や仕事の結果としてCさんに現れます。「ミスをするだめな自分」（罪悪感や自己卑下がセット）という自分でい続ける限り、そして本質的な反省をし、行動を改善していくか、あるいは、そういった自分を受け入れ、場合によっては、ミスをしないような仕事につかない限り、永遠に、

ミスをする→落ち込む→自分を責める→罪悪感が深まる→落ち込む→「自分風」がより強固になる→ミスをする

というループを続けてしまうのです。そうして、罪悪感が固まり、「だめな自分」にとどまり、最後には執着になっていきます。

罪悪感は、執着につながります。そうして、そういった「自分風」の世界の存在に執着していると、いつまでたっても、本質的な反省に行き着かないのです。罪悪感が、おおもとのまいた種を刈り取るわけではないのです。罪悪感は、わたしは、さらなる罪を集めて（類は友を呼ぶの法則により）、さらなる罪悪感を増幅するだけです。罪悪感が含まれている土からは、本質的に人間の身になるものが生まれないし、育たないように思うのです。だめ、またきだめ、だめ、だめ、だめのループのみが続いていく畑です。だめだめ畑になってしまっているのです。

ではなぜ、こんなにも罪悪感を大勢の人がもっている世界に、わたしたちは生きているのでしょうか？　いや、大勢の人がなぜ罪悪感中毒になってしまっているのでしょう？　罪悪感をもっていれば、ある意味では行動を変えなくてよく、その時々の自分に都合がよいからかもしれません。「自分風」を脱ぐことなく、「だめな現実」を引き寄せ、「やっぱりそうか！」と思って、がっかりする。それもまたある種の歪《ゆが》んだ成功体験となって、より罪悪感を深めるというループにはまっているだけなのかもしれません。

社会じたいも罪悪感を刺激するしくみになっていそうです。マスコミから流される情報も、罪の意識を深めるようなものがどんどん増えています。

結婚している人が結婚相手以外の人と恋愛をしたり、違法薬物を摂取したり、交通事故を起こしたりするたびに、なぜ、あんなにも報道が加熱するのか。罪の意識を煽《あお》り、罪の意識が増大し、それが中毒を生むからだと思います。今、ある側面から見た世界は、罪悪感中毒をエネルギーとして、人々の罪悪感をさらに増大させています。

また罪悪感がある人は、誰かや何かからコントロールされやすいようです。このしくみには、本当にたくさんの人があまりに無意識でいる気がします。「もうしわけない」と思っている人が目の前にいたとします。その人に対して、何かしてもらうのは簡単なことなのです。罪の意識を刺激すればいいのです。何なら、刺激しなくとも、その人は罪の意識から、常に何かを誰かにしてあげないといけない。そうしないと自分の存在意義はないと勘違いしてしまっているからです。

悪い男性にだまされ続ける女性は、相手に必要以上に貢《みつ》いだり、自分を犠牲にしたりします。パートナーがいる男性を好きになってしまう女性にも罪悪感をベースにしたループを繰り返すパターンが多いようです。罪悪感をベースにした「自分なんて」という状態が、過酷な場面を引き寄せ、これでもかこれでもか、と無意識のうちに自分をいじめます。「こんな自分でも愛してくれる」と錯覚するため、相手がどんなにひどいことをしても、そのときは落ち込むのに、また甘い汁を少しでもすわされると、過酷な場面に身を置き続けてしまいます。そういう大人がわんさかいるのです。

この「悪い男」は、人によっては、「学校」や「会社」といい換えてもいいかもしれませんし、なにかのグループ・団体やチームだったりする場合もあるかもしれません。「親」との関係がそうであるという人もいるかもしれませんね。いずれにしても、罪悪感や自己卑下は、悪い状態をよりループさせる機動力になってしまうようなのです。

でも、いま、罪悪感が幻影であったと人々が気づきはじめています。罪悪感は幻です。

これまではマラソン大会や舞台や遊園地を、罪悪感とともに体感すると「ドラマティックになる」と大勢の人が信じ込んでいただけです。実際、ドラマティックになるのです。罪悪感のある人がマラソン大会を走ったら、罪悪感のある人がドラマの中にひとりでもいたら、罪悪感をもちながら遊園地のアトラクションであそんだら何かが起こるように見えるんです。

罪悪感を刺激するものごとを、罪悪感をもつその人が必ず引き寄せます。そうしてストーリーがドラマティックになっていきます。ものごとが複雑になったりもします。しかし、すべて無駄なことですし、古い時代のことです。すべて「自分風」が起こす幻影です。

誰かを傷つけたとか、悪いことをしたなと思うならば、潔く、こころから反省してください。反省するとは、そのことを起こしたほんとうの原因を知り、受け入れ、認めて、そのことも含めた自分についてよく理解するということです。そうしてこころからの謝罪をしてください。本気の謝罪をしたならば、もう、それに執着することはないはずなのです。謝罪が一度なのか、一生続くのかはともかく、こころから謝罪したなら、もうかつての「反応」のパターンを一切やめて、今までとは違う行動をし、堂々と人生を送ればいいのです。自然の法則が働いて、なんらかの結果を自分にもたらすかもしれません。自分が傷つけたように、自分も傷つけられるかもしれません。でも、それを潔く受け入れればよいのです。

パートナーのいる人とつきあって、悪いなともし思うなら、こころから謝罪し、もう二度とそういうつきあいをしなければいいのです。悪い会社に入ってしまって自己犠牲的に働き、怒られてばかりいて、そんな自分がほとほといやになったなら、もう二度とそういう会社で働かなければよいのです。

それを誰もが自分で選択することができます。

やめればいいのです。中毒はやめるしか方法がないのです。アルコール依存症を治す方法は、お酒を飲まないという選択をするほかありません。

中毒をやめて、そのかわり、自分をたいせつにすることをひとつ、ふたつと行います。でも、反省をしないで、「自分風」を放置していると、どういうわけだか、同じ問題を繰り返すようです。どん底まで突き落とされるか、本気で懲りるまでそれは続きます。

溢れる自己卑下と「〜するべき」

自己卑下する気持ちは、文化や場所によって、ずいぶん違いがありそうです。しかし、どうも日本では、自己卑下する気持ちをもっている人がとても多いように感じます。無価値観のなかで生きている人もとても多いです。

こういった自己肯定感の低さ、自己卑下する態度というのは、ひとつは、「自分風」をよしとする社会風潮、その中での家庭生活、学校生活、さらには、社会生活のなかに潜んでいるとわたしは考えます。

どこへいっても競争があり、他人と比べ、その中で優劣をつけたり、人をいじめる暴力がはびこっています。「あるがままの自分がいい」という風潮は、ここ最近になってではじめていますが、日々の暮らしの中に、ほんとうの意味で充分に浸透したとはとてもいいきれません。

人は、他の人からどう思われるかをいつも気にして、他の人と違ってはいけない、ちゃんとやらないといけない、がんばらないといけない、一人前の大人でいなくてはいけない、女はこうあるべき、男はこうあるべき、仕事はこうやるべき、いくつになったら結婚がどうのこうの、子どもをうむべき、べき、べき、べき……。その中で、いつも「あるがままの自分」などほったらかしにして、無理してがんばって呼吸を浅くし、世間一般、あるいは、自分のまわりの価値観やスピードに自分を合わせることに必死です。そういうなかで、ほんらいの自分をほったらかしにしてしまうのです。ほんらいの自分はほうっておかれてふてくされているはずです。

そもそも「自分なんて」というサングラスをはめている人があまりに多いという現実もあります。そうすると、「自分がふつうに好きです」とか「自分は自分でいることに居心地がいいんです」などといいづらくなる。いいわけをしたり、「自分なんて」とか「どうせ」というサングラスをかけているほうが、みんなといっしょで、特に日本では、「出る杭《くい》」にならずにすむという風潮もあるかもしれません。

さらに考えれば、どうしてこういう世の中になっているかといえば、罪悪感の構造に似て、「自分なんか」と思っている人や、自己否定している人が多いほうが、誰かにとって操《あやつ》りやすい世の中であり、最初に自己卑下や自己肯定感が低くあるようなエッセンスを、この世界に振りまいている存在がいるのかもしれないと思うほどです。あくまで想像ですけれどもね。

ちなみに、ここでいう自己卑下は、謙虚さとはまったくちがいます。謙虚というのは、自分を責めません。だめとも思っていません。ただ素直にへりくだって、控えめで慎ましく、素直にほかに学ぶ気持ちがあることをさします。誰かの意見を素直に聞くことができます。自分を外側に開いています。一方で、自己卑下をしている人は、思いのベクトルが自分に向いていて内向しており、自分のことしか考えていません。傲慢の裏返しなのです。謙虚さは、次なる行動のいしずえになりますが、自己卑下は、また同じループにはまる基盤にしかなりません。謙虚さは、次なるステップになりますが、自己卑下は、ラットレースのように、ハツカネズミがぐるぐる回す「回し車」のような役割しか果たさないのです。

罪悪感と自己卑下を点検して手放そう

既に述べましたが、わたしはなぜ、人に子ども時代というものがあるのか、ずっと疑問に思ってきました。子どもというのは、自分で生命を保つことができません。親か親に代わる存在に養育してもらわなければ生きていけないのです。そうなると養育してもらっている人が絶対的な存在になります。その人がいくら暴力(からだ、ことば、無視など)を自分にふるおうとも、ひどい人間だったとしても、生存欲求がベースにありますから、自分を傷つける相手であろうとも、それを失わないように、子どもは自分のいのちを守るために、その人を好きと思ってしまいます。ないしは認められようとします。

もし、子ども時代、自分に充分に愛を注ぎ、養育をする存在がいれば、その上でもし暴力を振るう人が別にいたとして、その暴力を振るう相手を好きだとは思わないはずです。暴力を振るう相手しか、自分を養育する人がいない場合に(そうとしか考えられないから)、その相手の世界の傘下に入ってしまうわけです。

その親からして、重たい「着ぐるみ状態」ということも十分ありえます。

そうして、罪悪感も自己卑下も植えつけられていきます。

自分はだめな人間なんだ。自分は（養育する人にとって）いい子でないと存在してはいけない人間なんだ。自分は尊重にあたいする人間ではないんだ、自分はかわいくないんだ、自分は醜いんだ、自分は愛されるにあたいしない人間なんだ、などと嘘《うそ》の情報がどんどん刷り込まれていきます。

そうしてそういう思いを衣服として着て、サングラスとしてかけ、傷口を覆うために仮面をつけて、「自分風」が完成します。

いわゆるひどい大人に育てられていなくとも、多くの大人が既に述べたように「自分風」のままです。現時点では本質的に自立し成熟したほんらいの自分で生きる人はほんのひとにぎりなのです。そういう人は、「自分風」の人には理解しがたかったり、時に恐れを助長させる存在だったりして、煙たがられたりもします。だから、ひっそり静かに生きていたりもします。「ほんとうの意見」は、いわゆるマスメディアには出にくかったりしますし、ほんとうの「一流」や「本物」の人物や悟った人物は、一部を除いて表には出てきていない場合が多いような気がします。

でも、これからは、もう、「自分風」がきかない時代です。

ほんらいの自分で生きるほうが、どんどんスムーズになり、安心で、たのしく暮らせるようになります。もう人に合わせて、競争して、勝つのがよいこととして、誰かと同じかそれより上の生活を目指す時代ではなくなっていくのです。経済を優先して、まるで「橋を破壊しながら橋を渡ろうとするような社会」ではもういられなくなっているのです。

ほんらいの自分に戻り、本質的に自分をたいせつにし自分を愛する人は、目の前のものにさからわず、今あるもので満足し、どんなものも垣根なく受け入れて愛します。そういう人が増えていかないと、つまりは人間自身の根本的なありかたややりかたを変えないと、地球自体が危うく、社会も保てなくなっていくのでしょう。

自分のなかに眠る罪悪感と自己卑下する気持ちを、どうか焦らず、点検していってください。そういったものが顔を出した瞬間に、「これは幻だ」と口でいって、その感情をもつのを即座にやめて、行動を変えてください。

みんながやすやすとやっているようなことを自分がやりたくない、できない、というのは容易に罪悪感を感じそうなものですが、でも、ほんとうはやりたくないという自分のその感覚こそあてにしていいものだとわたしは思っています。大勢の人がそういった本心やほんとうの感情に蓋をしているから、こんなに社会が窮屈で生きづらく、大人は疲弊し、こころやからだの病気が蔓延《まんえん》しているのかもしれないのです。

いずれにしても、自分のからだの声を聞くことができるのは自分です。そうして、堂々としていればいいんです。自分の声に罪悪感や、無価値観から嘘をついてごまかす人よりも、自分の声をきき、人といくらちがっても自分の声に従う人のほうが、何千倍も何万倍もかっこよくて、すてきで、自然の法則に合っています。いつか必ずほんとうにそうだ、とわかるときがきます。何より今もうはじまりつつあるあたらしい時代にとても合っています。

今後の人生でもし、あなたが、誰かに迷惑をかけたとします。まちがって誰かの服にケチャップをこぼしてしまったとか、ふとしたことでぶつかって怪我をさせてしまったとか。そのとき、まずこころから反省し、相手にこころからの謝罪をしてください。「汚《よご》してしまってごめんなさい」と。その後、自分が迷惑をかけたという行動ではない行動をとるようにします。それでもまたいつか、誰かに迷惑をかけるかもしれません。そうしたらその都度、反省し、謝罪をし、行動を変えるようにするということを繰り返します。

たとえば、学校に行っておらず「学校に行かなくて親に悪いな」と思ってしまったら（思わなかったらそのままでいいです）、素直に、そう伝えてください。「悪いなと思っている」って。ほんとうはあやまることでもないと思いますが、でも、申しわけないなと思ったら、素直にあやまるのもいいでしょう。

でも、親のほうが過度に、こちらのもうしわけなさを煽《あお》るようないいかたをしたり（たとえば、「おかあさんだって大変なのよ」とか、「学校へ行ってないと困るのはあなたなのよ」などと、こちらの罪悪感をあおるようないいかたをしたら）、必要以上に、しつこく無理をおしつけてきたりするならば、そこはもちろん、それ以上あやまることもないし、悪いと思うこともありません。自分は自分の人生に責任をとるから大丈夫です、と、こころのなかで思ってもいいし、大人にそう伝えてもよいでしょう。本当に責任をとれるかどうかは、大人にならないとわからないわけですが、「自分をたいせつにし続ける」ということを続けていたらかならず道は開けます。自分を信じて生きてください。

すぐに一足飛びに「完全さ」を目指さないことです。誰かや何かに迷惑をかけ続けることについてあらためる行動が自分ひとりでできなければ、また自分で自分を傷つける行為をやめられないようであれば、ぜひ誰かの力を借りるようにしてください。場合によっては、こころやからだの専門家（医師、治療家、心理カウンセラーや各種セラピスト）の力を借りる必要があるかもしれません。それも罪悪感をもたずに堂々と力を借りてください。

わたしたちは、罪悪感や自己卑下のはびこる世界に住むか、そういうものがない世界に住むか、選ぶことができます。わたしはそういったものがない世界をあたらしい世界、と呼んでいます。

そして、本当に、自分が自信をつけていくということと、この罪悪感や自己卑下の気持ちを手放すことと、「自分風」を脱いでほんらいの自分になるということ、この3つはほんとうに深い関係があると感じています。

勇気を出すとき、自分のエネルギーは確実に変わる

さて、ここで勇気を出す時の話をします。

あたらしい場所へ行く初日。はじめての職場に出社するとき。うまれてはじめてのデート。はじめての試合。何年も家にこもっていて、はじめて外出する日。

なんだって最初は、ドキドキするものです。ドキドキする自分を、こころのなかで抱きしめてあげてください。このスタートラインに立ったことをまず喜び、感謝し祝福してください。それで、たとえもしその日はすぐに引き上げたとしても、スタートラインまできたことを、まずお祝いしてほしいのです。なぜなら、勇気を出そうと決めた時、さらには勇気を実際に出したときというのは、自分のエネルギーがかつての自分のエネルギーとはずいぶん変わっているものだからです。

またほんとうに自分がこの世界で何かに取り組もうとするときというのは、勇気が必要なものなのです。でも勇気を出さないでいると、もっともやもやします。行動の中に飛び込んでしまったほうが、恐れや心配が実はなくなります。失敗しても何も失うものはないと悟って、まずはやってみてください。やってから考えても遅くはありません。なぜなら、勇気を出すというエネルギーは、非常に高くて力強いものだからです。たとえやってみた後で「失敗だった」と思ったとしても、「勇気を出した」という事実は自分のなかにエネルギーとして残り、確実にその後の人生に影響を与えていきます。大丈夫です。

また進もうと思っていた道を変更することにも罪悪感をもたないでください。目的地だと思っていたものは、ほんとうの（別の）目的地へと誘《いざな》うランドマークだったということもよくあるようです。「人生は、こうしようああしようという計画以外のことをさす」とある人がいっていましたが、本当にそれは真理だと感じます。

「人生とは、計画以外のことをさす」ということをいよいよ地でいくようになり、それを受け入れるとき、人はほんものの自信をつけていっているのではないでしょうか。

何から取り組んだらいいかわからない人に

「何をしたらいいかわからない」という場合も、「自分風」の状態が濃厚になっている可能性をまず疑ってみてください。

着ぐるみを脱ぎ、サングラスをはずし、仮面をとったときに、素っ裸の自分というのは、何かきっと自動的に気持ちが向くもの、やってみたいなと思うもの、目的、があらわれてくるはずです。それまで何もなくても、その人自身に最良のタイミングで、目の前にやってきます。それをあれこれ精査しなくとも（もちろん熟考はしてもよいと思いますが）、「これだ」とひらめくはずです。ほんらい人間とはそういう直感に支えられている存在です。

もうひとつ、「何をしたらいいかわからない」のであれば、何をやってもいいのではないでしょうか。手あたりしだいやってみて、「これは違う」、「あれは違う」と、壁にあたりながら自分というもののかたちを知っていくという方法もあります。

ただ、これはわたしの印象ですが、「何をしていいかわからない」という人に「では何でもいいからやったらいいんじゃないですか。あれはどうですか、これはどうですか」と話をすると、「あれはいや」、「これもいや」と好ききらいが多い場合があります。とても頑固で思い込みが激しい場合があるのです。もっというと、恐れが強いのです。

実際「何をしたらいいかわからない」という人のこころの奥底に、強い恐れがあることを何度も目にしたことがあります。プライドも過度に高いのです。でも、何も取り組まないから自信がなく、プライドもどんどんそのぶん高くなってしまっています。悪いループのなかにいて、マラソン大会も舞台も遊園地もその入口にも立てていない状態です。目の前のことに全身全霊でまだまだ取り組んでいない可能性があります。

でも、生きていると、いつかは、着ぐるみを脱ぎ、自分なりのマラソン大会なのか舞台なのか遊園地なのかに一歩踏み出す瞬間が出てくるもののようです。それが実際に何なのかは人によります。何か本当にステージに立つことかもしれないし、就きたかった仕事に就くことかもしれません。何かの勉強をはじめることかもしれないし、人との出合い、出産や子育てがそれにあたる場合もあります。義務感や「うまくできないと恥ずかしい」といった気持ちを潔く捨て思い切り取り組みます。

まずは、ご自分の恐れを見つめてください。恐れがあることを受け入れて、その原因となっている記憶をケアしたりして、自分をたいせつにする方法を続けて、自分にエネルギーを溜《た》めていただきたいのです。

なんでもいいから、目の前にくるご縁、目の前にとびこんできた求人欄、目の前にある仕事からスタートしてください。それが遠回りなようで近道です。目の前の「やらなければならないこと」をただただやっているうちに「やりたいこと」の形がわかってきたりもします。行動しないと自信もつかないし、自分が誰であるかもわからないのです。

「自分風」を刺激するものを断つ

今、この世界は大きく価値観を変えようとしています。これまでだったら、勇敢にも自分の人生を進もうなどと取り組んだり、自分をたいせつにする方法に取り組んだり、あるいは、なんらかの問題解決の流れで、ほんらいの自分に戻っていくことができました。

でも、今という時代は、もっと大きな時代の転換が起こっていて、期せずして身ぐるみ剝《は》がされるようなことが起こりやすい時期だともいえます。一方で、着ていた古い「着ぐるみ」を、よりいっそう強く守って、その中に閉じこもる人もいるでしょう。いずれも個人の選択です。それぞれの自由意志で決めることができます。

これまでの社会というのは、非常に、「自分風」でいられた、時と場合によっては「自分風」でいたほうがやりやすい社会だったともいえます。特に、テレビや新聞、広告などが流す情報には、すばらしいものもあるかもしれませんが、でも、見ている側が「自分なんて」とか、「どうせ自分にはできない」とか、もっというと美醜、性差、貧富、地域差、そういったものにおいて自己卑下する意識に導くような、そんな情報が垂れ流しになっている場合が少なくありません（流している側も、無意識にそうしてしまっています）。

自分をたいせつにする方法でご紹介しましたが、ぜひ、ある一定の期間、テレビや新聞やネットを見ない時期をもってみてほしいのです。3か月も見ないでいると、きっと、マスコミがどう偏っているか感じることができるはずです。真実の目、曇りなきまなこは、かならず自分の中にあります。

また情報だけではなく、今いる環境、たとえば学校だとか仕事場だとか地域で、人間関係のいざこざで不快な思いをしているならば、できるかぎり、そこから距離を置くようにしてください。見たくないものに蓋をする、のではなくて、ほんらいの自分を取り戻していくために、**「自分風」を刺激し、加速させるようなものをしばらく断つ**わけです。我執を刺激するものから遠ざかるのです。

ただし、本質的に、「自分風」を脱し、ほんらいの自分に戻っていくと、今度はテレビや新聞、SNSなどのネット情報、あるいは、まわりの人間関係がどんなものになろうとも、揺り動かされなくなります。自然に、自分の古い価値観が刺激されるものは淘汰《とうた》されて、純粋な部分だけ、好ましい部分だけを感じられるようになるのです。

偏った目になるということではありません。無理にポジティブに世界を見ようとするわけでもありません。悟りに至った高僧や聖者がそうであるように、何が起こっても泰然自若《たいぜんじじゃく》としていられるようになる、「ただ在る」だけで満たされる自分になる、ということがいいたいのです。最終的には自分の感覚を信じ自分軸になりながら、柔軟に広くものごとを見る目をつけていこうよ、ということです。自分がほんらいの自分に自己一致していけばかならずだれもがそうなります。心身が整ってくると、ちゃんと直感が働き、しかるべきことを感じ、わかるセンサーが働くようになっています。そうなってくるとおそらく、自然に、ネガティブにエネルギーを奪う存在や情報が身近にある状況ではなくなるでしょう。

今見ている世界は、自分自身を表しています。今見ている世界が穏やかなのであれば、自分自身も穏やかです。今見ている世界が騒がしいのであれば、自分自身も騒がしいのです。外側が実際どうかは関係ありません。「どう自分が見ているか」が、何度もいいますが、「世界そのもの」なのです。

わたしたちは実は非常に自由なマラソン大会、舞台、遊園地にあそびにきていて、それを選ぶことができるのに、「自分風」にがんじがらめになって、狭い世界で怒ったり嘆いたりしています。

どんなときでも、意識は拡大していけます。この世界をどう見るかは、わたしたちに委ねられているのです。ただ、このことに気づいている必要があります。また、今とても生きづらいと思っているかた、人生の壁にぶちあたっているかた、八方塞《はっぽうふさ》がりのかた、とにかくなにをやってもうまくいかないと感じているかたは、もう、「自分風」をやめる直前にいるといってもいいかもしれません。自分では気づかずとも、着ぐるみがはがれはじめているただ中にいるかもしれないのです。

この世界は、第2章で紹介した法則に付随した法則ですが、「反転の法則」が働いています。人生の絶好調の裏には、「好事魔多《こうじまおお》し」で、人生の試練が用意されているのかもしれません。真っ暗闇の人には、いよいよ光が立ち現れる直前かもしれません。成功している人はそれまでに失敗しているし、成功していない人はほんとうには失敗していない人かもしれません。落ち込んだあとは、もうあがっていくしかないのです。どん底の底をついたら、あとは、もうのぼるだけです。この世界は本当にそんなふうにできあがっているし、自分がどの世界を選ぶのかを自分で決めることができるのです。

働くことについて

なぜ、わたしたちは仕事をするのでしょうか。これまでの古い枠組みのなかでは、「働かざるもの食うべからず」という価値観が流布していました。ところが、科学技術の発展、また人間の意識の拡大によって、これからの世界にはＡＩなどがどんどん台頭し、これまで人間が行ってきたことの多くを機械が行うのは周知の事実です。

これまであたりまえにあった仕事はどんどんなくなり、これまでになかったあたらしい仕事も立ち現れるでしょう。いずれにしても、今は、変化のまっただなかですから、古い価値観とあたらしい価値観がごちゃまぜになっていて、その両方を感じながら生きていくという非常にダイナミックな体験ができる時代にいるということもできそうです。

わたしは、いかなる仕事にも貴賤《きせん》なく、自分を知るためのマラソン大会、舞台、遊園地のひとつだと考えています。どのような仕事に就こうとも、上も下もなく、人気のある／なし、経済のよい／悪いにかかわらず、何を通してでも、自分を知っていく旅、あるいは、ほんらいの自分に戻っていくための場なのだろうと感じています。やりたいことがなければ、「やるべきこと」からとりくむのも、自分を知る上でとても有用だと思います。

たくさんの人たちが、今、「楽して努力できること」や、「がんばらないで稼げるもの」、「天職」について注目するようになりました。これまでは「やらされてする仕事」もたくさんあったのですが、これからは「自発的にする仕事」が多くなっていくはずです。やらされていた仕事はＡＩなどの機械が行うようになるでしょう。

誰もが、天職に就く時代です。ただ、それがすぐに見つかる場合もあるし、時間がかかる場合もあるでしょう。また古い価値観のなかで、しばらくはお金を稼ぐためだけの仕事をする必要がある場合もあるでしょう。天職が見つかってもそれだけで生計が成り立たない場合もあるでしょう。それでも、人々は、より天職に向かっていくと予想されます。その天職とは、これまでの仕事の概念ではなくて、「自分の得意なことをして誰かが喜ぶもの」、「楽に努力ができて、ずっと続けていたいと思うもの」、「取り組んでいると充足感があり、まわりの人も助かるもの」となっていきそうです。

仕事は、それ自体が「あそび」となり、より創造的なものになっていくでしょう。

ただ、そのためには何より本人が「自分風」ではなくて、ほんらいの自分になっている必要があります。「自分風」の自分では、人から使われやすくなります。自分で自分のことがよくわかっていない人は、容易に他の人にコントロールされる状態に陥りがちです。ほんらいの自分軸になり、自分のことがよくわかっている人は、他の人からコントロールされることはありません。人をコントロールすることもありません。

どういう仕事をしたらいいかわからない、天職に就く方法がわからない、お金を稼ぐことに不安があるというかたは、ぜひ、ここまでのこの本を読み直して、ワークを中心に実践できることを実践してください。1日2日実践して、「できない」という人がとても多くなっています。そういうときは、半身浴（130ページ）をして、下半身をあたためて、頭をクールダウンしてください。そうやって自分のからだとこころをケアしながら、じっくり取り組んでみる、やってやってやってやりつくしてみるということも、自分をたいせつにすることに含まれていそうです。

またほんらいの自分自身でいると、おのずと忍耐強くなりますし、自分自身の器も大きくなっていくようです。

自分を信じて進路を選ぶ

学校に通っている人は、進路について、先生や学校からアドバイスや指導を受けることがあると思います。

ポイントは、どんな場合も自分でよく調べること。どんなアドバイスも指導もいったんはよく受け入れ、熟考することです。さらにたいせつなのは、自分の直感に従うことです。

自分がこころから尊敬できる大人からのアドバイスや指導は、参考にして、熟考する機会にすればよいと思いますが、自分と違う価値観の先生や親とやりとりするときも、いきなり反発しないで、できるかぎり、相手の話を聞いてください。

そうして、全部聞いてすぐでもいいですし、また時間をおいてもいいです。「先生（あるいは親）のいうことはわかりました。でも、わたしはしっかり考えて、◎◎という選択をしたいと思います。100パーセント自分の責任で思いっきりやってみようと思います。応援していただけたらうれしいです」と、堂々といってください。直接いうのがはばかられるようであれば手紙でもよいですね。

先生や親、社会の情報は、とてもありがたいものです。ただ、同時に絶対ではないし、完璧ではないし、ましてなにより、誰もあなたの人生を代わりに歩んでくれる存在ではありません。自分だけが自分の人生を歩むわけです。自分の目で選ぶ必要があります。

特に、今は時代の大転換期です。この先がどうなるか、誰もわからないというような世界です。どうぞ、自分の直感や、自分で考えたことに自信をもってください。

どんな場合も、自分で自分の人生を自分の手で切り開くほかないのです。だからこそ、ドキドキして、たのしくて、わくわくするのです。だめもとで、転んだらそのたびに起き上がる気持ちで、100回間違えたら100回たちあがるという思いで、自分の進路を選んでください。選んだ先に、もし、何か「違和感」をもったら、そのときにまた堂々と変更すればいいのです。先生や親にもそう説明すればよいのです。そんなふうに進んでいったら、たとえ、進路を変更したとしても、これまでの歩みがひとつも無駄でなかったということがわかるはずです。

それよりも誰かにいやいややらされたり、「自分風」のままで世界を存分に全身で体感できなかったりするほうがもったいないです（もちろんその行為でさえ無駄ではないのですが）。

どうか、自分を信じてください。心配になったら、自分をケアすることを強化し続けてください。そうそう、どの人の中にでも共通する、あの光（第1章 36ページ）がひそんでいることを思い出してもよいでしょう。わたしたちは、生まれたときから完全で、そして不完全なのです。不完全さをもって、この世界をあそび、味わい、たのしんでいるのです。わたしは、わたしを、ただ、わたしするだけでいいのです。

恋愛や結婚について

もうひとつ、つけ加えさせてください。それは恋愛と結婚のことです。仕事と同じでこれらの価値観も大幅に変わりつつあります。パートナーをもたない人はますます増えるでしょうし、異性愛以外の恋愛やパートナーシップもますます増えるでしょう。多様性は嵐のようにこの世界に溢れていき、個人個人の単体がベースとなり、ひとりひとり違うということを、ひとりひとりが認めざるをえない世界になっていくでしょう（すでに、そういう世界がはじまってもいます）。

家族という概念も、変容していくでしょう。あたらしいつながりがはじまっていくでしょう。血のつながりではないつながりも増えるでしょう。血のつながった家族だからといって仲よくしなければならないという信条も、自然にどんどん打ち砕かれるでしょう。人々は、ますますひとりひとり、個人として行動するようになっていくようです。そして同時に、深い部分でつながりを感じて生きるようになります。ひとりでいても寂しくないし、誰かと会いたいと思ったらちゃんと会える人がいるようになります。

子どもをもつ／もたないも同じように考えられます。子どもをうむ人生もうまない人生も、育てる人生も育てない人生もあたりまえのことですが平等に尊いです。この人生が必然だから、この状況が現れているのです。さからわずに受け入れ、目の前にあらわれている自分の人生を生きるとき、自然にこころは満たされ、まわりとも調和した人生になるでしょう。

頑なに閉じている手を、ふんわりひらけば、想像していたものとは違うかもしれないですが、必要なものが手の中に入ってくるようになっているのです（想像していたものと違えば違うほど、いい線いっている可能性が高いかもしれません）。

「こうしなければならない」、「こうするべき」、「これが正しい」、「それは間違っている」、「こうでなければ悪い」、「こうでなければ人として足りないのではないか」。こういった古い価値観を握りしめているかぎり、手の中には何も入らず、その頑なさを打ち砕くことが「問題」として立ち現れ続けるでしょう。握っている手を広げない限り、「問題」は続くのです。同じ「問題」は形を変えて現れ続けるでしょう。

他の人と自分の人生を比べることに何の意味もありません。大勢と同じような人生である必要だってまったくありません。みんなはあなたではありません。人生で起こることに、両手を開いて、こころを開いて感じて、受け入れていくのです。いずれにしても、同じ状態は続きません。

もちろんパートナーがほしい、家族がほしい、子どもがほしいと思うことも自然に湧き起こったならすばらしい思いです。

ただ、ここでいいたいのは、「こうしなければ」と思ってするものでもないということです。また、その中でもしうまくいかないなと感じることがあったり、つまずくことがあったなら、この本を読み直してみてください。何か理由があって、そのことは起こっているはずです。そしてどんな場合も、今の自分にとっていちばんいいことが起こっているのです。他人がどうそれを見ようとも、その人にとってはそれが最も体験したいこと、体験する必要があることなのです。それを充分体験することを、どんな人も邪魔したり介入したり、アドバイスして変えようとすることはできません。

家族がある人生も、家族をもたない人生も、そのときの自分に必要だから起こっています。どの状態も受け入れて、愛するようにしたならば、自分から見える景色はきっと変わるはずです。何より自分頼りの自分でい続け、信頼できる人がひとりでもいて、安心して暮らせる環境があれば、まずひとつよしとしませんか。

人生は、まぎれもなくその人自身のものなのですし、どんな状況下であれ、時に過酷な状況であればあるほどチャンス到来中であり、自分で自分の人生を選ぶことができるのです。

■ワーク1

◎先にお祝いをしよう

自分が実現したい状態をありありと想像して、叶《かな》った状態をお祝いしよう。
ともだちや家族とお祝いするのもたのしいです。
そのとき、まわりの人は叶ったという想定でインタビューをしてあげてください。

・どんなことが実現したのか
・どうやって成功したのか
・どれくらいの日数・年数で成功したのか
・そのためにどんなことを具体的にしたのか
・なにがうれしかったか
・おせわになったひとはどんなひとか
・おせわになった人にどんな感謝のことばをいいたいか
・これまでの自分にいいたいこと

このインタビューの答えのなかに、これから実行するためのヒントがあることもあります。

また、感極まってうれし涙を流してしまう人もいます。思いっきり喜んで祝福することもたいせつです。

■ワーク2

◎自分のことを点検しよう

今の自分にとってうまくいっていないこと、うまくいっていることを列記していって、それが、3か月後、1年後(場合によっては、2年後、3年後)とどう変化していくかチェックしてみよう。

●今の自分　うまくいっていないと感じることは?

うまくいっていると感じることは?

◆今の自分に声をかけるとしたら？（やさしいことばをかけてあげて）

●3か月後の自分（右で書いたことがどう変化しましたか？）

◆今の自分に声をかけるとしたら？（やさしいことばをかけてあげて）

●1年後の自分（さらにどう変化しましたか？）

◆今の自分に声をかけるとしたら？（やさしいことばをかけてあげて）

第6章　自分をたいせつにすることを習慣にするには？

すぐにやろう

ここではさらに自分をたいせつにし続けるための行動のヒント、セルフケアを習慣にしていくための知恵をお届けします。

まずひとつめの知恵は「すぐにやる」というものです。

先日尊敬している友人が、暮らしのなかのあるルールを教えてくれました。それは、**「やりたいと思ったことは、すぐにやる」というルール**です。なにかしたいと、ふとこころに浮かんだことはすぐに実行する、これを**習慣にしてしまう**のだそうです。

遠慮したり、気をつかったり、自分にできるかどうかなどとくよくよしないで、したいと思ったらする、というふうに行動を変えてみます。

具体的にはどういうことを指すのでしょうか？

すごく身近な方法を紹介します。たとえば、映画館で、すごくいい場面でトイレに行きたくなったとします。ここですぐにトイレに行きます。あまりにあたりまえのことなのですが、何か「違和感」が生まれたとしても「したいこと」（身体的欲求を含む）をすぐにやるくせをつけてみるのです。

いつもがまんすることが身についてしまっている人は自分にとっての「違和感」も「したいこと」も、無意識のうちにさらりと無視する傾向があります。しかし何か「違和感」を感じたときにもその違和感に従ってしかるべき行動を取るというのはとてもたいせつなことです。

めんどうだなとか、いやだなと思っても、そういう思いをなかったことにして、がまんしたり、がんばったり、無理して、そういう思いに蓋をしています。自分に対してものすごく鈍感に接しているといってもよいでしょう。

ちなみに、いちばんいい場面でトイレに立ったとしても、実はその場面は見る必要がなかったとか、その映画を結局はまた再度観ることになったりだとか、誰かから筋書きを教えてもらって充分理解できたりだとか、きっとその時その時で必要なことが起こるのでしょう。「大事な場面を見逃した」という事実だけが残ってしまうかもしれません。それでも、わたしは、**身体の欲求に素直にかつすみやかに耳を傾けるというのは、本心を感じて行動をする**

ためのとてもよい練習になると痛感しています。いちばんいいなと思う場面で、トイレを優先するというのは、気をつかわずに生きていくためにもとてもよい訓練になりそうです。からだの声の流れに身をまかせるのです。もちろん、映画以外の場面でも、ぜひやってみてください。

このトイレの話でおもしろい話があります。わたしの別の友人は、車で30キロほどの通勤中、この「トイレに行きたくなったらすぐに行く」というのを実践しようと思い立ったそうです。意識してみたら、なんと、その間に4回もトイレに駆け込んだそうです。それまでは、運転中はもよおしてもしらんぷりしてがまんして運転していたことに気づいたのだとか。そうして4回トイレにいっても何も困ることがなかったそうです。さらにこの友人は、こんなふうに、トイレ以外のことでも、しょっちゅう無理したりがんばったり人にやたらと気をつかったり、を日常生活でもいつも行っていることに気づいたそうです。

ひょっとするとほんらいの自分は、こういう態度に圧迫されているかもしれません。**ほんらいの自分は、「自分風」と違って、ただただ純粋な子どもみたいな状態です。**

いやなことをいやいややるとか、したいことをしないでいるとか、がまんするとか、実はほんらいの自分にはよくわからないわけです。本当にいやなことはやめて、したいことをすれば、全部流れがうまくいくはずなのです。もし、したいことがあってすぐにできないとしたら、それは必要があって起こっていることですから、さからわずにその状態を受け入れます。もしくはちゃんと、腑《ふ》に落ちる解決の方法を探るのもよいと思います。ひとつひとつ、からだとこころと魂と打ち合わせをしながら納得をして進んでいけたらすばらしいです。

たとえば、「どうしても今から誰かとデートで公園を歩きたい」としますよね。でも恋人もいなければ、誘う相手もいないとしたら、したいことがあってもできない状態です。

このときに、自己卑下に陥ったり、この状況を嘆いたり悲しんだり、罪悪感を感じたりしないようにします。何か感情を抱いてもいいのですが、一度味わったら、「これも何か理由があって起こっている」と受け入れて、この先、公園でデートができるように何らかの行動を起こしてみてほしいんです。

誰かに恋人になりそうな人を紹介してもらうように働きかけてもいいし（これもすぐ実行することに含まれます）、まずひとりで公園を歩いてみてもいいかもしれません。流れを受け入れて、そうして行動にうつす。ひとつひとつやってみる。この繰り返しがとてもたいせつです。何か状況が好転することを期待せず、すぐに、かつ、たんたんと行動します。

違和感があってどうしても行動に移せない場合は、「違和感があるな」という自分をまず受け止めていてください。「違和感がある」という自分を認め、受け入れて、そうして行動をとれるときを待つのです。自分の感覚に気づいているということが第一歩です。

なお、したいことをすぐにする、というのは、衝動に従って動くということではありません。直感に従って動くということです。それを続けていると、より直感力があがります。

では、衝動と直感とどう違うのでしょうか。

これは、ある方が教えてくれたことなのですが、衝動には「損得感情」があるそうです。直感には、「損得感情」がないそうです。それを目安に動いてみてください。

さて、「公園デート」を「すぐ行動する」を実践して想定できることには、こんなことがあると思います。

公園へ行ってみたら、

・そこですばらしいパートナーとの出会いがあった
・パートナーになる人ではないが、すばらしい人と出合えた
・すばらしい景色を見ることができた
・パートナーがほしいわけではないと気づいた
・ひとりで公園を歩いていたらほんとうにいい気分になった

・ひょんなことから知り合いと会えて、おもしろい情報を得た
・とくになにもなかったが、よいウォーキングになってよかった
などなど。

「すぐやる」を直感で行うと、想像を超えることが起こるのだと思います。

わたし自身、ひらめきと行動が同時、くらいのスピード感をたいせつにしています。

直感がたいせつです。ぜひ、実際に体験をしていただけたらと思います。

起こったことを受け入れる

自然に起こることを愛するようにします。

何か変化が現れた時に抗《あがな》わないようにするのです。

自然に起こることは、必然なこととして起こったのです。計画しすぎないで、その時その時起こることを受け入れるようにします。予定が変更になってもあわてず、何が起こっても最高のことが起こったのだと受け入れて、抗わず、流れに乗ります。

困ったことが起こっても、嘆きすぎず、もっとひどいことが起こらずにすんだと思うようにします。また先のことが決まっていなくても、焦らずハラハラせず、ゆったりとしている

ようにします。起こることは起こったときに考えるというような腹づもりでいるようにするのです。

世界の大変化のとき、また自然災害が多いなか、例年通りに行うとか、予定通りにするということは最初から諦めていたほうがよいかもしれません。できなくなったことは、できなくなったほうがよかったからそうなった、と思ってみるのもひとつの方法かもしれません。たとえ、熱烈に待望していたことや、長い間準備してきたことでさえそうなのです。

わたしの知人は、2020年春から写真の勉強をしにドイツへ留学する予定でした。でも、感染症流行の拡大で行けなくなってしまいました。進路を変えて、ひとまず、ぴんと直感でひらめいたカフェで働くことにしました。結局そのカフェで写真展を開催し、その土地で、すばらしいパートナーとも出合えたということです。人生、何が起こるかわかりません。

目の前に起こったことに抗うよりも受け入れるほうが、長い目で見ても自分も環境も守られるに違いありません。抗うよりも、何かが起こったときに、さあ、どうするか？ と次の行動をとればよいでしょう。またじっと、よい時期を待つというのも非常に積極的な態度でしょう。あせらないことがたいせつです。たまねぎの皮をむくように、ゆったりと目の前のことに取り組みます。

「やるべき」から「やりたい」、そして「やっている」へ

「やらなければならないからやっていること」は、自分という「型」を知るたいせつな体験になります。ただ漫然と行うのではなくこの先に自分が「やりたい」と思うものがわかるために、あるいは「やりたい」ことのためにやっていると考えて取り組むのがおすすめです。

また、今やっていることも「やるべき」だから無理やりがんばってやるのではなくて、「やりたい」からやる、という工夫ができないか考えてみます。そうして「やるべきこと」をいやいややるということを、日常の中から少しずつ減らしていきます。

たとえば、満員電車で通勤するのがほんとうはいやだなと、内心思っている人がいたとします。そして、感染症の世界的な流行という社会の変化によって、リモートワークになり、その結果、満員電車に乗らなくても仕事ができるようになったとします。

もちろん、こういう社会情勢になってから変化するのもよいのですが、もう少しその人が、本心に気づいて、自分がより自由になる方向に積極的になるならば、つまりは「自分風《じぶんふう》」をやめてほんらいの自分の声に耳を傾けられるなら、もっと早くからリモートワークができたかもしれません。

これからの社会では、もっともっと誰もが本心を知り、それに合わせて「やるべきこと」を「やりたいこと」に変質させていく必要があると感じています。

なぜなら、「やるべきこと」はやらされてやることになりがちで、そうすると、アイデアの出方も、スピードも遅いんです。「頭」や「思考」もすばらしいのですが、「直感」や「ひらめき」よりはうんと遅いのですね。しかも、どこか消極的になりがちで、ものごとのエネルギーとしても低いようです。

でも、「やりたい」でやっている人は、直感やひらめきがしょっちゅう溢《あふ》れていて、アイデアもどんどん出て、スピードも速く、積極的で、エネルギーが高い状態となります。おのずといきいきとした仕事になります。ユニークな仕事の現場は、ほぼ、後者の感覚ばかりで進んでいるといってもよいでしょう。無理したりがまんしたりがない状態です。

どうしても「やるべきこと」がある場合も、やるべきであることが未来永劫《えいごう》永久に続かない場合がほとんどのはずです。何年かすれば、やらなくてもよくなるはずです。できるだけ「べき」ではなくて、やりたいという動機からできるように工夫します。自分なりに工夫することは、とてもたいせつです。

同時に、たのしくて時間を忘れるようなことを自分にもたらしてください。没頭している時間、無我夢中になっている時間は、ほんらいの自分の状態とほぼ同じかその状態です。とても尊い時間です。

どうしても見つからないという人は、まずは、声を出して笑うような物語や映画や落語や漫才を見てはどうでしょうか。本気で大笑いしているときに、「あと何分したらこれが終わるのだろう」などと思う人はいません。それも気が乗らないなら、ぜひ自然の中に身を置いてください。海、山、川、森。できるだけたくさんの自然にふれ、たくさん歩いてみてください。そうして無になる瞬間を自分にいつも与えるようにします。

さらに進化すると、「やりたい」もほぼ消えて、「やりたい」と「やっている」が同時になっていきます。そうなるともうこの地上は楽園状態になっているはずです。

得意なことをしよう

どんな人にも、得意なことがきっとあるはずです。

でも、それをなぜかやっていない場合があります。それは、「自分風」でいることで身につけている古い価値観のせいかもしれません。「そんなことをやってはいけない」、「世間的に許されるわけがない」、「そんな時間がない」、「お金がかかる」、「迷惑がかかる」などと、いかにもそれらしい御託を並べて、やっていない可能性があります。

　何が得意かわからない人は、まずは何でもやってみるとよいでしょう。好ききらいせず、選《え》り好みしないで、まずはやってみるのです。

　たとえば、仕事を選ぶとき。人と一緒にやるのが得意か得意じゃないのか。パソコンを使うのが苦じゃないのか辛《つら》いのか。座ってやる仕事がいいのか、立っている仕事がいいのか。いろいろな仕事に取り組むうちに、何が好きで何が得意かわかるはずです。そうやって、いろいろなことをやってみながら、自分の得意なことを知っていけばいいし、自分というものもできあがっていきます。やってみないとわからないこともたくさんありそうです。

　誰か身近な人に、自分って何が得意だと思う？　と聞いてみてもよいでしょう。人の目にうつる自分がすべてでは決してありませんが、自分でも気づいていない魅力や才能を、まわりの人が見抜いているケースもよくあります。

　そのときに、人と比べたり、世間体を気にしたり、お金になるかどうかを気にしたり、すごいことかすごくないことかとか、あまりにスケールが小さすぎるなどを気にしないでください。

「やたらとみじん切りが好きだ」とか、「ゴミ拾いだけはてきかくにできる」なども得意なことのひとつです。「何かやわらかいものを触っているのが好きだな」とか、「人と会話しているときにたのしくて時間を忘れるな」とかも、充分立派な「好き」です。どんな好きも、過小評価しないでください。そこに大きなヒントがあります。そこを大切に育てていけばいいのです。「得意」や「好き」に毎日水をやって育てるのは、自分自身です。見守り続ける人がいなければ、努力することをやめてしまえばそこで終わりです。

ぜひ、毎日自分を観察して、自分の得意なこと、楽に努力できること、自然にやれること、たのしいこと、好きなこと、時を忘れることを見つけてみてください。

繰り返しになりますが、最初から、損得感情や、お金になるかどうかで判断しないことがたいせつです。損得感情、お金になる／ならないや、人の目を気にしないというのが、あたらしい時代を生きて行くための秘訣《ひけつ》です。目標を高く設定しすぎないで、まずは、目の前のちいさな目標からクリアしていくようにします。

続けていった先に、必ず何かの実りを得るはずです。その代わり、やり続けることがたいせつです。

自分を自由にするものを選ぼう

何か選択するときがきたら、自分をさらに自由にするかどうかで選びます。それと同時に正しいかどうかではなくて、たのしいかどうかもよく考えてみてください。なにもかも全部100パーセントたのしくなくてもいいんです。でも、たのしい側面もあったほうが長続きします。わくわくするならなおさらです。

いかなる選択も、「正しさ」から選んだり、自由を狭めるものを選ぶのは、あたらしい時代には、そぐわなくなっていくはずです。選択のたびに、自分で実験してみてください。どうして自由を拡大するほう、たのしいほうを選んだほうがいいか、きっと体感できるはずです。楽にリラックスして安心できる道を選ぶことを、勇気を出して自分に許してください。

もちろん、過酷な道に挑戦するのもすばらしいことです。自分の気持ちがほんとうに向くほう、やってみたいほうを選んでください。最後は自分の責任で決めるということがたいせつかなと思います。

失敗したら、またやりなおせばいいんです。以降は、具体的な方法です。

人に対してやさしく話そう

ふだん話すときには、意味のあることばを、やさしく、たのしく、わかりやすく、的確に話すようにこころがけます。

いいわけをしたり、自己卑下をするような前置きをしたり、ごまかしたり、取り繕ったり、思ってもいないことをいったり、お愛想やおべんちゃらをいったりしないようにします。

自分の罪悪感から話すのはやめます。相手の罪悪感を刺激するのはもってのほかです。話す長さもたいせつです。あまり長く話しすぎないようにします。相手の人ともたくさん話しすぎてしまわないように、早めに切り上げましょう。時間にも魂があるのだそうです。人間と同じで、長すぎる時間は、時間じたいがきげんを損ねるのだろうと思います。

今の自分をまず受け入れよう

自分のことを「何者か」どうかでジャッジするのをやめて、それよりも、まず、今のあるがままの自分をたいせつに扱ってください。

たいせつに扱う中に、「何者か」で自分を判断するのをやめる、というのも含まれます。

自分が今どんな状態であれ、まずは、その状態を受け入れるのです。この状態を好きじゃなくてもいいのです。でも、今まず、自分はこうなんだなとわかっておくことが大事です。そして「何者か」になろうとするエネルギーを、ただただ、自分をたいせつにすることに使ってください（95ページからのワークを何度も行ってください）。そうしてほんらいの自分になる方向に向かってみます。

もうひとつオプションを付けるとするならば、今までよりも感謝するようにしてみてください。最初は形から入ってもいいでしょう。でも、感謝するというのは、やたらと「ありがとうございます」ということではありません。こころの中で、「この時間がすばらしいな」、「この景色が見られてよかったな」などということに対して、こころのなかでじんわり感謝し味わうくせをつけるのです。「今日は午前中すごく調子よかったな」とか「おいしいいちごを食べられたな」ということにもしっとり感謝します。これを習慣にしてしまうのです。

他人軸で「何者か」（職業に特化したアイデンティティのほか、有名である、社会的地位が高いなど）になろうとしている人は、自分や人にダメ出しをする傾向があります。そうして厳しく査定しています。でも感謝は、そうした厳しさをいつのまにか溶かしていくはずです。

ほんらいの自分になった証《あかし》のひとつは、もう「何者か」になろうとしていない、ということとでもあったりします。「何者か」ではない自分も心地よく受け入れているということです。ただし、「「何者か」になろうとしていない自分」を目標にしては本末転倒です。あくまで、自分をたいせつにすることを続けて、自分をたいせつに扱い、ほんらいの自分に戻っていくことだけに集中します。

ちいさいころ、特にすぐれた人や、上の年齢のきょうだいに囲まれて育った場合にも、「何者か」への幻想が強い場合があるでしょう。それは本当に幻想です。そんなことよりも、ほんらいの自分に戻るほうが、はるかにすばらしい体験です。厳しいことをいえば、「何者かになりたい」という憧れは、ある種、利己的であり、強欲で傲慢でもあります。場合によっては、非常に権威主義的である可能性もあります。

そんなまやかしの自分は、砂上の楼閣《ろうかく》のようなものです。それよりも、なにはなくとも自分を愛している自分になるのです。自分を愛している人は、自分もここちよいし、まわりの人もその人といるとここちよいです。こんな確かな平和があるでしょうか。あなた自身から平和がつくれるのです。自分で自分を愛していることを上回る価値は、わたしは本当はないのではないかと思っているほどです。

少なくとも、有名であること、人気者であること、経済的に裕福であること、社会的に成功していることなどは、その人自身の本質的な価値とは関係がありません。SNSのフォロワーの人数もいいねの数もどうでもいいことです。そんなことよりも、自分で自分を愛していることのほうがたいせつです。

特にあたらしい時代には、これ以上の価値ある存在はないはずです。

堂々とほんらいの自分でいること以上に尊い行為はないはずなのです。

今の自分を好きじゃないままでいいです。まず、たいせつにしはじめてください。どんなときも、自分を尊敬しつづけるのです。まわりの人も同じように尊敬するようにします。

同じことを考えてしまう人へ

最近、ぐるぐると同じ思考をし続けてしまうという声もよく聞きます。たいていは、何か気になることができて、それをずっと考え続けてしまう。これは、からだなのか、こころなのかが、不自然になっていることのあらわれかもしれません。

自然というのは、移り変わるもので循環しています。日本ならば、春、夏、秋、冬ときてまた春がきます。太陽は東から昇り、西に沈みます。ところが、ずっと同じ思考をしているのを自然にたとえるならば、春、春、春、春、ということです。太陽がずっと東にいるままとか、太陽が一向に出て来ないとか、そういう状態になっています。不自然さというのは、心身ともにつらいものなのですね。

理由はわからないのですが、これを止める方法のひとつは、頭からからだへ気持ちを切りかえることです。心身をケアすることです。たとえば、いちばんのおすすめはマッサージなどで人によくからだを触ってもらうことです。

人にマッサージしてもらったり、何らかの施術を受けるということに対して、経済的に損をすると思う方もいるかもしれませんが、**心身をケアするということは積極的な投資**です。自転車もサビがきたらおとすように、からだもケアしないと走らなくなったりします。まだまだ、心身が相当悪くなってから薬で治療するという考え方が多いようですが、症状が出る前の段階で予防をしたら、自分もまた行政も安くあがって助かります。また短いケアで終わるはずです。車でも車検があるように、人間だって日々、ケアすることが必要なのです。日々「からだ」に注意が向くようにしてみましょう。からだをたいせつにするワーク（143ページ）にもぜひ積極的に取り組んでみてください。

もうひとつは、自分に愛を使う、つまりは「自分をたいせつにする」ということじたいが、この同じことをずっと考え続けてしまうということを止めるようです。少なくとも、自分で

「同じことを考えているな」、「同じことを考えそうになっているな」と気づいたら、行動を変えます。自分をたいせつにする方法（143ページ以降）から思いつくものを行ってください。自分にとっておいしいものを食べるのもいいですね。

今すぐできることの中で、わたしのおすすめは、やっぱり半身浴（130ページ）です。お湯に入るという行為が、環境をある意味ではがらっと変えてくれます。心身が緩み、だんだんと余計なことが考えられなくなります。

ぜひ行動を起こして、同じことを考え続けるという状態から、自然に脱出してください。「考えるのをやめよう、やめよう」とするのではなくて（それも、考えることにとらわれています）、あくまで、**「同じことをぐるぐると考え続けはじめたら、自分をたいせつにする行動をとってみる」**だけです。自分やまわりに愛をもって接するのです。結果、同じことを考えている状態が終わっているというのが望ましいです。

罪悪感や自己卑下が強い状態も、この同じことを考え続けるという状態を引き寄せるようです。

ちいさなこと、そんなささいなこと、と思うようなことでもいいから、なにかいいことがあった瞬間に、**ただちに自分をほめるという癖をつける**のもいいですね。寝る前に、今日あったすばらしい体験を10個思い出して日記につけるなどの習慣もおすすめです。「いやだな」などとネガティブに「反応」してしまったことも、そのおかげでどんなすばらしいことがあるか、「すばらしいこと探し」をしてみてください。どんな粗悪なものの奥にも、純粋性はひそんでいます。

春、春、春、春、あるいは、冬、冬、冬、冬、となっていた自分を、春、夏、秋、冬の自然の循環に戻すのは、自分の中の自然です。なにかちいさくとも、循環のきっかけを自分で自分に与えてみてください。

どうしてもうまくいかないときは、場所や環境の好ましくない影響を受けているか、やり方がうまくない可能性があります。場所や環境を変えるか、やり方を変えます。でも、変えるという行動に移すのも自分です。「すぐにやる」ということも肝要です。思いついたら、すぐにやる癖をつけてください。習慣にしてしまうのです。いうまでもなく自然のなかにどっぷり入るのももちろんおすすめです。

自分の容姿が好きじゃない人へ

自分の容姿が好きになれないというのは、特に思春期から若い時期に出やすい思いです。

無理して好きになることもないし、もし、お化粧や、場合によっては整形をしたいという思いがでてきても、その思いをまず自分が受け入れてあげてください。ただ、何か自分のからだに手を加えるようなときは、持続可能かどうか、年齢を重ねたあとも健康な状態でいられるかどうかを基準にするとよいでしょう。

美への執着は、非常に強いものです。これもむろん「自分風」が偽の感情で思うことなのですが、あまりに強い感情であるために、それが「自分風」であることには滅多なことでは気づきません。たとえ「頭」で気づいても、「自分風」の中で考えている以上、そこから離脱できません。そうして美に執着しすぎると、なんとその姿は反転の法則で醜くなっていくのです。

うつくしくなりたいという気持ちを、まずは肯定します。そうして、長い期間その美が継続できるかどうかをよく考えてみてください。

その上で何よりたいせつなのは、本当は健康なのです。美は、健康の上に成り立っています。本質的にうつくしいという状態が、健康の上になりたっていることを多くの人が忘れすぎです。そういうわけで、つい、美に労力をかけてしまいがちなのですが、順番は健康から取り組み、次に美です。

最初に取り組むべきは、自分のこころとからだの健康へのケアです。

自分のこころの中を点検しましょう。こころが不安定である、心配がたえない、うつうつとしている、死にたくなる、毎日がおもしろくない、細かいことが気になってしかたがない、怒りが抑えられない、自分の感情をうまく表現できない、じゅうぶん眠れない、食事が乱れている、など、こころのケアにも取り組むのです。

からだの面でいえば、東洋医学的に見て血と気はよく体内を循環しているのか、冷えはたまっていないか、内臓は調子よく動いているのか、痛いところや不具合はないか、ぜひチェックして、改善に取り組みます。

こころもからだも健康になって自分自身の居心地がよくなってくると、より本質的な美が自分の内側から放たれます。「誰かのようにうつくしくなる」というのは、本当はできないのです。誰かのように鼻を高くして顎《あご》を削るなどというのも、やりたいならばやってもいいのですが、それだけでより高い本質的な美に近づけるかどうかは正直よくわかりません。

「自分風」のサングラスで見ていると美も、そのサングラスから見た美になるため、基準が外側の、他人の基準になってしまっています。そしてその基準の多くが、誰かのお金儲《もう》けと関わっています。人の美醜のコンプレックスは、儲ける側には信じられないほど魅力的なのです。その人たちに儲けさせるべきではないというわけではありません。ただ、その仕組みをわかった上で、取り組むとよいかもしれません。

そしてよりサステナブル（継続的）で、本質的な美をめざすならば、なにより、「自分風」を脱ぎ、ほんらいの自分へ近づくことを自分ではじめることです。ぜひ第4章のワークに取り組んでみてください。それから美に取り組んでも決して遅くはありません。

ほんらいの自分の肌は年を重ねても輝いています。ほんらいの自分のこころはいつも満たされているため、うつくしい笑顔をたたえています。不満や愚痴でいっぱいになって口がへの字になったりしていません。ほがらかに口角は、自然にあがっていることでしょう。あんなに気になっていたコンプレックスのある箇所も、ほんらいの自分に戻り、思いっきり健康になったら、気にならなくなるかもしれません。姿勢もおのずとうつくしくなっていくでしょう。**自分全体から立ち上る魅力に勝る魅力はないのです。そうして自分自身から放たれる、借りものではない美を発するときに、自分自身も満足するはずです。**実際、弱点だと思っているものには長所が必ずひそんでいます。弱点を受け入れたとたん、長所に早変わりするはずです。

そして、どうしても、何がどうあれ、自分の顔が好きじゃない、からだがきらいだという人は、本気で性格美人になる道を選ぶのも手です。こころを美人にするのです。こころが美人というのは、正真正銘、ほんらいの自分でいるということです。自分軸になったら、利他的になります。へんな情ではなくて、必要十分なだけ、自分を愛するように誰かを愛せるようになります。

こうなったらあなたが思う「いわゆる美人」とは違う道を選ぶのです。そうするうちに、美醜が、その人の幸福を決めているわけではないことに、少しずつ自分でわかっていくはずです。**美醜が人生を左右するのではなく、美醜に対する自分の態度が、人生を左右する**のです。自分の人生をどういうものにするかは、いかなる場合も、平等に、自分の手に委ねられていることを忘れないでいてください。

毎日毎日自分の味方をしてあげてください。自分のこと（顔や容姿）をいま好きでなくてもいいのです。あなた自身が、まず自分をたいせつにできる、いちばん身近な人だからです。そして、ほんらいの自分とは、どんな場合も本当にうつくしいものなのです。美人とか不美人を超えた、麗しい、尊い価値です。そちらをめざすというほうが、サステナブルで（継続的で）本質的だと思いますがいかがでしょうか。

80歳や90歳になってもうつくしくあるにはどうしたらよいかを想像してみたら、簡単にわかることです。年齢を重ねてなおうつくしいかどうかは、ただただ、ほんらいの自分でいるかどうか、心身ともに健康かどうか、本質的に自立しているかどうか、成熟しているかどうか、そして、何よりこころのうつくしさが左右するのではないでしょうか。

現在、心身が健康でないという方も、ぜひ誰かと比べるのではなく、自分比で、よりここちよい状態になれるよう、ますます自分をたいせつにしていってください。

お金の心配がある人へ

あたらしい時代には、お金の価値はどんどん変わっていきそうです。モノへの価値観もすでに変わっています。ミニマリストという存在が登場し、片づけや断捨離《だんしゃり》が流行したことは、それをよくあらわしています。少量で良質なものをたいせつにしていくという流れはもう止められないように思います。お金やモノももちろんたいせつですが、もっと目に見えない「こころ」や、信頼関係といったことのほうが今後もっともっとたいせつだという流れがはじまっています。

それでも、もちろん現実的にはまだお金というものがあります。わたしからの提案は、いままでの「ひと月にいくら必要」とか「就職したら月給はこれくらい」という古い価値観をいったんリセットするということです。

人類はほんの数百年前、場合によっては100年から200年前くらいまで、自分の食べるものは自分たちでつくっていました。地域や人によっては現在でも自給自足的な暮らしをしています。

誰もが、自分で食べるものは、自分でつくっていたのです。そうして足りないものは交換したりして補っていました。もちろん、それは、高度資本主義社会のありようからすると貧しく見えるものかもしれませんが、わたしは果たしてそれが貧しいものなのか、疑問なのです。

わたし自身、大都会から2015年に、岐阜の美濃《みの》という山間《さんかん》のちいさな町に引っ越して感じるのは、少し地方の田舎町へ移動しただけでも、お金をたくさんつかわなくても生きられるという実感です。実際、田んぼや畑をもっているという人がたくさんいます。昔ほどではないにせよ、それでも大都市に比べて、自分たちで食べるものをつくっている人は圧倒的に多いです。そうして、しょっちゅう物々交換をしているのです。実際お金を使う場面もとても少ないです。

お金よりも、人と人とのゆるやかなつながりや信頼関係が、よりものをいう世界です。

さらに山奥へ行けば、さらにお金を使わない生活が実現できます。わたしの知人たちで、もっと田舎で暮らしている人もいますが、借りていた家、さらに山もつけて、大家さんに「あげる」といわれて、もらった人もいます。つまりタダです。しかも、知人たちはいやいやその暮らしをしているのではなく、自然を愛し、静かな暮らしを愛し、良好な人間関係も地域でもちながら、日々の暮らしを味わいたのしんでいます。何かに追われることなく、ストレスを感じることなく、幸福に田舎暮らしをしているのです。

お金をかせぎ、それを使わないと生きていけないと思わされていますが、そうではない世界がもともとあったのです。人口が増えているから自給自足というわけにはいかない、と思う人もいるかもしれませんが、みんなが自分の畑をもち、自分で食べるぶんをつくることは可能だそうです。誰もが独立農民となり、自然循環型自給農を営めば「民族皆農《かいのう》」が実現できると、自然卵養鶏の第一人者で『都市を滅ぼせ』(双葉社刊)の著者、故・中島正さんから教わりました。実際、田舎は耕されずに放置された畑が広がっています。空き家も信じられないくらいたくさんあります(ちなみに都会でも、空き家はたくさんあるそうです)。

それなのに、どうして、住む家がない人がいるのか、貧困でご飯が食べられない子どもが現われているのか。「お金」の考え方に縛られ、多くの人が一極集中して「都市」に住もうとしていることが原因のひとつではないでしょうか。そしてこの考え方を根底で支えているのは、年齢から考えたらもう立派な大人なのに、誰かの価値観を自分の価値観と思い違いをしてしまっている「自分風」の人間かもしれません。

現時点でわたしが知る範囲での方法は何でしょうか。都市を離れて、誰もが分散して、畑や田んぼをやり、わずかな現金を稼ぎ、人々とつながって交換して生きるという方法を選択する。そうすれば誰かが飢えるということはないはずです。

人にほんとうに必要なものは何でしょうか？　わたしは大げさではなく、空気、水、光、次に食べもの、そして信頼できる人間関係（しかもそんなに多くなくてもよい）だと思っています。これらがいま、本当に危機的な状態になろうとしています。空気や水は汚れ、食べものはどんどん農薬や化学肥料にまみれ、土壌や海、空気の汚染はひどい状態になっています。貧困の問題はさらに深刻化しています。そのベースに、都市化が進み、「お金」への妄想に惑わされているということがあると思っています。

わたしの友人たちで現金に頼らず生きている人たちが何人かいます。そのうちのひとりは、年間30万円だけで十分しあわせに暮らしています！　すてきな洋服を着て、年に何度か海外旅行もしています。たっぷりある時間の中で絵を描き、音楽を奏でたり、畑で少しだけ野菜をつくったり（そんなに熱心にやっているという感じではありません）、川で泳いだり、おいしいものをつくって食べたりしています。何より暮らしそのものをたのしんでいます。

「人並みに」お金を稼ごうとするのももちろん悪くはないのですが、考えをいったんリセットしてみて、また、多様性のある生き方や暮らし方を調べてみて、自分の肚《はら》さえ決まれば「自分風」を脱ぎ、ほんらいの自分らしくいられる選択をいくらでもすることができます。

お金に頼らない生き方こそ、ほんとうはほんらいの自分自身でいられる豊かな生き方かもしれません。ほんらいの自分になったら、実際、お金に惑わされなくなるのはまちがいないです。目の前にあるお金で満足するばかりか、自然にちゃんとものごとが循環し、必要なお金は入る自分になるのです。

「経済を回さなくては」という人もいるでしょう。もちろん経済もたいせつです。でも、その経済によって、経済を担保する都市化によって、さらには、経済を回そうと無理したりがんばったりがまんしたりする人間の存在によって、地球環境が破壊されてきました。今、自分たちは、いわば自分たちが渡る橋を壊しながら渡っているのです。

繰り返しになりますが、空気と水、光、そして食べものがなければ、人間は飢えて死にます。こんな簡単なことも忘れて、地球を壊しながら、お金やモノに目をくらませ「自分が」

「自分が」と我執にとらわれて生きているのが現代人なのです。そのおろかな行為は、自分たちが報いられることになると思いますが、でも、まだわたしは、選択肢があるように思っています。

おおげさな、と思わずに、ぜひお金に頼りすぎない生き方や、一極集中しないで分散し、全部とはいわずとも自給自足的な方向で暮らす方法、そうしてゆるやかで確かな人間関係をつくって、困ったら助け合いながら生きるという暮らし方もあるのだということを知ってください。もしお金のこと、仕事のことで心配ごとがあったり、困っていたら、そういった、まったく違う価値観に触れるチャンスだと思って、図書館へ行って、本で調べてみてください（258〜259ページ参照）。

いったんこれまでの「正しい」をゼロにして、自分の本心を使って考えてみるのです。

意味はあると考えてみる

さて、ものごとの捉えかたの話ではありますが、何かが起こったときに「何かはわからないけれど、なんらかの意味があって起こっている」と捉えるようにしてみます。もしくは「自分に必要だったから起こった」、「必要でないことは起こらない」と捉えるのです。

もちろん「わからない」ままでもいいのです。ただ、「意味はある」「必要だから起こった」と捉えることは、自分で自分の人生の責任をとる訓練になります。

たとえば何かの病気になったとします。人のせい、社会のせい、遺伝のせい、家族のせい、医療のせい、いろいろな理由をつけられるでしょう。あるいは、「どうして自分ばかりこんな目にあうのか？」、「よい薬がないせいで治らない」などとくよくよしたり、世を憂いたり、人をうらやんだりすることもあるかもしれません。

でも、たとえばです。「自分の鍛錬のために起こった」、「自分の体力を知ることができた」、「病気のおかげで、人生で重要な出合いが持てた」、「価値観が広がった」、「健康のありがたみがわかった」、「家族のやさしさを感じることができた」など、「意味」を自分なりに捉えることもできます。そういった意味を知るために必要なこととして起こった、と。

前者と後者では、雲泥《うんでい》の差があります。前者と後者と比べて、免疫力があがる考えかたはどちらでしょうか？　治癒がすすむのはどちらだと思いますか？　幸福な方向へ進めるのはどちらか？　その人自身も、まわりの人も、気分がよいのはどちらか？

自分に起こること、自分の人生を、どう受け取るかは、それそのものがその人の人生であり、その人の世界です。

信じられないほど過酷な運命をたどり、それを受け入れ、自分を傷つける人を最終的に許し、笑顔を絶やさず平和なこころで生きる人もいます。もちろん、その境地に達するまでには、たいへんな経験と忍耐と熟慮が必要です。しかし、人類のなかに、そういった境地を手に入れる人も現存しているのです。そしてそれは、誰もが選べるものなのです。いつでも抜け出せる扉は存在し、すべてのひとに開かれています。

その扉へたどり着くひとつの道しるべが「意味はある」、「何らかの必要があって起こったのだ」と捉えることではないかなと思っています。

現在世界で起こっている変化も、ただ恐れて不安や怒りのなかで過ごすのか、もしくは、人類にとって必要なこと、たとえば進化のために起こったのだと捉えるかでは、この世界がまったく違って見えるはずです。

どちらが力強く、確かで安定した歩みができるかきっとわかるはずです。自分で自分をほんとうの意味でたいせつにするなら、目の前に起こることに対して常に謙虚で、しかし逃げることなく堂々と、自分らしく勇敢に取り組めるようになっていきます。

■ワーク

あるがままの自分を知るきっかけとして、次のことに挑戦してみます。

◎一日自由になる日を選びます。その日は、ひとつひとつのことをするときに、本当にやりたいと気が進んで、本当に腑《ふ》に落ちてここちよくやっているかどうかを点検します。印象的だったことは記しておきます。

1　やりたいと思ってここちよくやったこと

（1）やったことは？

（2）どういう点がここちよかった（たのしかった）ですか？

2　やりたいと思ってやったがここちよくなかったこと

（1）やったことは何でしたか？

（2）どういう点がここちよくなかったですか？

3　「やるべき」でやってしまったことは何ですか？
（1）なぜそれを「やるべき」だと思ったのでしょうか？
（2）それをやらないでいる方法はありますか？
（3）それを好きになる方法はありそうでしょうか？

例　朝のんびり休んでいたら、ＬＩＮＥが入って、友人からカフェへお茶しにいこうという誘いがあった。気が乗らないけれど断るのも悪いかと思って行くことにした

1　（1）友人に誘われてカフェへ行った
（2）友人がうれしそうだったからそれはうれしかった
2　（1）お茶代を払って友人と時間を過ごしたこと

（2）今月は金欠だったのに、無駄な出費がでてしまった。友人との話がそんなにもりあがらなかった

3（1）「ともだちをたいせつにするべき」だと思った。きらわれたくないなと思った
（2）今日は、ひとりでゆっくりしたい、また今度行こうなどと正直にいえばよかった（またはお金があまりないから来月にしようといえばよかった）
（3）ほんとうに自分も行きたいときにカフェへ行く。ともだちに誘われたときに、ほんとうに行きたいかどうかを点検してから正直に返事をする

☆もしこの方法を一日やってみてうまくいったら、日々の暮らしのなかで、できるかぎり実践してみます。自分が何をここちよく、たのしく、やりたいと思ってやっているのか、何をやりたくないのか、何を「やるべき」でやっているのか、こまかく点検していきます。自分の本心を無視せず、よく観察して、自覚的であるように練習を重ねます。

●第6章の参考図書

『半農半Xという生き方【決定版】』塩見直紀（ちくま文庫）

『なるべく働きたくない人のためのお金の話』大原扁理《へんり》（百万年書房）
『思い立ったら隠居』大原扁理（ちくま文庫）
『里山資本主義――日本経済は「安心の原理」で動く』藻谷浩介、NHK広島取材班（角川oneテーマ21）
『ぼくはお金を使わずに生きることにした』マーク・ボイル、吉田奈緒子訳（紀伊國屋書店）
『都市を滅ぼせ』中島正（双葉社）
『マーマーマガジンフォーメン』1〜4号（エムエム・ブックス）

第7章　さあ、いよいよあたらしい時代です

あたらしい時代になりました

今、世界はとても大きな変化の中にいます。黒だったことが白になったり白だったことが黒になるくらい、価値観が反転していたりします。一寸先にどういう変化が起こるかわからなければ、「問題」と思えることをどう解決していいか誰もわからないということもたくさんあります。

たとえば、2019年末から、世界中に感染症が蔓延《まんえん》しました。働き方や、外出のしかた、人との距離、さまざまな変化が起こりました。それにともなって、仕事が変わったり、住む場所が変わったり、家族が変わったりしている方も多いでしょう。なにより、人々の意識が、大きく変わりはじめています。感染症の一件は、ひとつのきっかけであるにすぎず、多かれ少なかれ、人の意識に変化が起きるタイミングだったのかもしれません。いや、この感染症の影響で、変化のスピードは速くなったかもしれません。何より人は前よりも「死」を身近

に感じるようになり、自分で自分の身を守るという意識が芽生えたと思います。なにかに依存しているだけでは生きられないということもわかってきたように思います。

さらには、たとえば、ワクチンひとつとっても、「感染症にかかりたくないからなんとしても打ちたい」という人もいれば、「副作用などについてよくわかっていない段階で、ワクチンを打つなんて危険だ。絶対に打ちたくない」という人もいます。どちらも本気でそう思っているのです。これからの時代、ひとりひとりの意見が、こんなふうにひとによって、びっくりするほど掛け離れるというのも特徴です。何がいい／悪い、ではありません。

いずれにしても、本当に自分で自分に責任をもたないと、誰かからいわれたまま動かされるような、まるで奴隷や家畜のような生き方になる気がします。超強固な管理社会の一員として生きる生き方です。

一方で、自分で自分に責任をもつことを選んで、はっきりと自立し自分の頭で考え、自分の足で立ち、自分自身をよりどころにして生きることもできます。この両者が、はっきり分けられるような世の中になるように感じています。

あたらしい世界というのは、こんなふうに世界が分かれていくばかりか、今までとまったくちがう価値観や意識状態がやってきて、目に見えるものより目に見えないものが、予定し

てなにか行うというよりは、その場その場で決めていくことが大事になるような世界になりそうです。また、「自分風《じぶんふう》」の世界ではなくて、ほんらいの自分自身で生きていくというような、なにか、自立した人間どうしでつくりあげる社会がこの先には現れるはずだとも思っています。

あたらしい可能性に光をあてていく

「コロナ禍」という表現がありますが、わたしは、同時に「コロナ可」でもあると感じています。「禍」というわざわいがあるならば、同時に可能になったことやあたらしく生まれる可能性もあるだろうと思うのです。

まず、忙しすぎた人は自分の仕事の見直しができました。無理に通勤しなくともリモートワークで働くというもうひとつの選択肢が生まれました。遠く離れていてもネットを通してたくさん交流ができることもわかってきました。

自然破壊の原因のひとつである一極集中する都市型をベースにしたやりかたでなくとも仕事ができることは、より明確になってきています。

生活がとまった反面、自然環境は急激にその元気を取り戻しました。

家族で交流が増えたケースもあります。たいせつな人とそうでない人がはっきりしたというケースもあるでしょう。同時に、人と人とのつながりや信頼関係が、生きていくうえでより大きな比重を占めるようになっていっています。日々の何気ない暮らしのことをたいせつにしはじめた人も増えました。

自分の心身のケアを自分でしようという人も増えました。予防医学に目を向ける人が増え、免疫力を高めるということに意識がむくようになりました。いのちのたいせつさをあらためて感じ入る機会にもなっています。

そうして何よりも、各自が、外側の価値観ではなくて、いよいよ、ほんらいの自分に戻り、自分軸で生きるということに注目が集まっているということが、何よりとてもすばらしいことに感じられるのです。

もちろん、ネガティブなこともたくさんあります。でも、怖い、不安だ、心配だ、と嘆いたり怒ったりしているだけでは、根本の解決になりません。外側に答えを求めようとしたって、人の数だけ答えがある状態です。誰かが勧めることに従ったとしても、自分にそれが合うというわけでもありません。来月どうなっているか、誰にもわからないような世界になっているのです。なにもかも100パーセント自分で責任をとる気持ちで自分軸で考えて、行動をすることが求められる時代になったのです。

わたしは本当に今の状況を、たくさんのかたがたがほんらいの自分、ほんらいのありかたに戻る大チャンスだと実は感じ取っています。もう、まやかしの「自分風」でがんばる時代は終わったのです。大勢が「よい」とする世界に個人が合わせるのではなく、個々人が自分たちの幸福をそれぞれに追求したら、それがめぐりめぐって全体の幸福になっている世界に移行しつつあるのです。嘘《うそ》をついてももうごまかせなくなったのです。いや、嘘をつく必要がなくなっていくのでしょう。価値観もますます多様になります。誰かの答えが自分の答えにはなりません。本質的に、自分を信じて生きるほかなくなったのです。

このような大転換期をよりスムーズに乗り越えるには、自分ひとりの時間をたいせつにすることです。そして、自分と向き合い、「自分風」を点検し、少しずつ、衣服やサングラスや仮面を外していくことをはじめるのです。今まで常識だと思っていたことを疑ってみてください。人と違うことを恐れないでほしいのです。自分にとっての真の豊かさとは何なのか。誰とも比較せず、自分でそのことを知り、選択するときがきています。自分にしか自分のほんとうの声ってわからないものです。その声を信頼する時は今、です。

あたらしい時代の特徴

わたしが考えているあたらしい時代の特徴にはこんなことがあります。

・とにかく計画ができない
・ものごとのスピードがどんどん速くなっていく
・より個人単位で考えるようになる
・個が重視される
・多様性が重視される
・「頭」より「こころ」が重視される

・所有の概念が変わる、所有しなくなる、シェア（共有）するようになる
・目に見える物質的なものよりも目に見えないもの（情報や知恵、信頼関係、人と人とのつながりなど）が重要になっていく
・お金や仕事などの固定概念があたらしいありかたに変わっていく
・女性の観点や女性性がより重要になっていく
・やさしくて、あたたかく、ゆったり、ゆっくりしたものが好まれる
・自然がよりたいせつになっていく
・自由がよりたいせつになっていく
・表面的なことよりも、本質がより大事にされていく。本質的になっていく
・人間がしていた仕事を機械がやるようになる
・ピラミッド形ではなく、丸い円形のシステムや社会構造が増える
・より平和的、調和的なものが好まれる
・「ないもの」ではなく「あるもの」を数えるようになる

などです。

こういったあたらしい時代をスムーズに生きていくためには、いくつかのポイントがあるように感じています。

ひとつは、地球環境に対して持続可能な方法を選ぶこと。これは、地球環境が瀕死《ひんし》の状態であることから、この流れに従って間違うことはないはずです。エコロジー、スローライフの流れは、もう誰にも止められない潮流です。もちろん社会のトレンドとしてもそうなのですが、自然とともにある暮らしがいかに人に安心感や健康をもたらすかは、いくら言っても言い足りないほどです。

もうひとつのポイントは、ローカリティ、地方や地域、ちいさいグループごとで考える、という点です。それは大きな組織であれ、ちいさい単位ごとで考えるというのはひとつの流れになっていると思います。少量多品目をつくるというのも、ここ数年の傾向です。少なく、ちいさく、細かく、各自に合ったやりかたでやるというのがよさそうです。

お金の価値に対しても柔軟であることが求められそうです。そのためにも、お金や、ガス電気水道などのインフラがなくても大丈夫な生活についてぜひ思いを馳《は》せていたいなと思っています。電気ジャーがなくても、焚《た》き火と鍋と水とお米があればごはんが炊けるような人は、あたらしい世界で生き抜く胆力をもち、こころの安定も得ているように感じます。

もちろん、機械化はますますすすむでしょう。ただ、精神的に、「なにはなくとも大丈夫」と自立しているために、お金やインフラに頼らずとも生きられるということを知識としてでも知っておくことは、今とてもたいせつだと感じています。あたりまえに思っている便利な世界が、あたりまえでないと知るためにも必要かもしれません。

またあいかわらずわたしは、多くの人たちが、つい100年から200年前まで農に携わっていたことによく思いを馳せるのです。人類の多くが、とくに産業革命が起こるまでは、ごく一部の人たちをのぞき、多くの人が作物をつくったり、食べ物の採取に関わったりしていたはずです。多くの人が自給自足をして暮らしていたのです。今のように少人数の人がほとんどの人の食生活を担うようなシステムも、また、一極集中して都市に住み、給料をもらって働くというシステムも、わりあい最近になってはじまったことだとよく思うのです。

現代社会の中で学校や会社になじめない、その場の空気を読めない、人と交わるのが得意じゃないという人が存在するのも、長い歴史を考えれば当然のことかもしれません。コミュニケーション障がいや、発達障がいといわれるものだって、現状の社会システムとセットなのであって、昔は存在しなかったか、あるいは、存在してもその社会の中でなじんでしまっていたのかもしれないな、とも思います。

「自分風」いや、「自分」さえもない、それ以前の世界では、「村風」などしかなく、もっともっと個がないような「自分」のもちかたをしていたのかもしれません。つまり、今のこの世界での生きづらさは、ほんのこの数百年の間の、さらにごく数十年の間に起こっているできごとであり、ほんらい人間というのは、自分が食べるものをつくったり狩ったり採取したりし、ほんの少し社会と関わりをもってさえいれば生きていけるのに、現代社会で「よい」とされている動きを大勢でとった結果、このような自然破壊と共に歩むような事態が起こっている上に人間も窮屈にさせられているというふうにも考えられるわけです。「「よい」とされている」などとわざわざ書くのは、このような、非常に高度に都市化し、病院化し、学校化した社会が、地球環境をもうもとにもどれないほど破壊し、人間のこころやからだを蝕《むしば》んでいるともいえるからです。つまりは、あたらしい生き方は旧来型のシステムに、そんなに依存しなくなっていく、ということです。だから、学校へ行っていないとか、仕事をしていないということについて、罪悪感をもったり自己卑下する必要はありません。そのかわり、自分らしい豊かさを追求していく必要が出てくるでしょう。そのときに都市から離れ、土に近い場で暮らし、自給的な暮らしを志向する姿勢は、あたらしい豊かさを求めるとき、ひとつのたいせつな土台となりそうです。なにしろ固定概念をはずし、忍耐強く、自分の本心を見つめ、受け入れ、表現していくことが、ますますたいせつになるはずです。

また、現代社会では何か行うときに、以前の世界に比べてより周囲や人々のエネルギーの影響を受けやすくなっていることを、個人的には感じています。ネットで怒りのエネルギーにふれると、それがぶわっと増大するのも速い。誰かを妬《ねた》む感情があったとして、人々がそれに触れると、あっという間に妬む感情が伝染するというイメージです。実際、ＨＳＰ（Highly Sensitive Person ハイリー・センシティブ・パーソンの略。非常に感受性が強く、敏感な気質をもった人）と呼ばれる人や、発達障がいを抱える人が増えていることなどからも、敏感さというのは、非常にこの世界を象徴する状態だと思っています（わたしは、発達障がい的な感性は、現代人のほぼ全員にある傾向だと感じています）。

つまりは、自分自身のエネルギーがダウンするとそれだけダウンした状態のものを引っ張ってきやすいということです。からだをものすごく酷使してボロボロの状態になり疲れているとします。そんなときに、ネットで、何かひどい情報を見てしまうと、さらに落ち込んでしまうとか、体調が悪くなってしまうとか、またはやたらと反応して、いらない書き込みをしてしまったりだとか、そういったことが起きやすくなっているように感じるのです。

自分がどういう状態でいるか、高く軽いエネルギー状態（元気でほがらかでたのしい状態）

でいるのか、低く重いエネルギー状態（元気がなくきげんがわるくつまらない状態）にいるのかが、非常にものごとを左右するということです。

自分自身がいい周波数、高くて軽いエネルギー状態にあれば、外側がいくら荒れ狂い、状況が悪くなっていようとも、どっしり構えて、深く広く考えたり感じたりすることができます。しかし、低くて重いエネルギー状態だと、すぐに外側に共振してしまい、引きずられて自分も一緒に落ちていってしまうのです。今、そのコントラストがどんどん激しくなっているように感じます。

時代の大転換期は、さまざまなことがうねるように、ぶつかったり、混乱したり、前後左右に揺れたり、嵐のまっただなかのような状態になります。この嵐に巻き込まれていくのか、台風の目のように中心でしんと静かに過ごすのかは、ほんとうに自分しだいなのです。

そして「自分風」であろうが、ほんらいの自分であろうが、今すぐできることは、行動するときに、「恐れ」からではなく、「愛」から行うことです。

できるかぎり、「外側の正しさ」にあわせて行動するのではなくて、「内側のたのしさ」に照準をあわせて行動することです。

そういう行動を選択する自分を許してあげてください。そうして、自分がここちよいと思う状態を自分にもたらすことをいつも許してあげてほしいのです。

世間体が気になるかもしれませんが、そもそもその「世間」じたいが今崩壊しつつあるのです。あわせても「あわせ損」になる可能性もじゅうぶんに考えられます。

正解がないとわかることが、これからはいよいよ正解かもしれないのです。

そして最高の答えはいつもほんらいの自分が知っています。

わたしは世界とつながっている

誰かに何かをいいたくなったら、そのいいたいことばを一度書いてみてください。そこには、今の自分への重要なメッセージが含まれていることが本当に多いのです。これは、とってもユニークなことだなと思っています。自分は相手で、相手は自分なのです。最初はそんなはずはないと思うでしょう。でも、人を観察するとよくわかります。人が誰かにいっていることは、その人自身に対していっていることが実に多いのです。最初、自分以外の人から観察をしはじめてみて、そのうち自分自身を省みてください。世の中に流布している数々のすばらしい知恵を自分に活かすことができるようになるほど、高度で尊くすばらしいことはないかもしれません。それほど自分のことは難易度が高いのですね。

なお、誰かに何かアドバイスをしたくなったら、わたしは最近ではできるかぎり質問をするようにしています。

誰かを変えようとしないことです。人を動かすのは人という存在だと思います。でも変えようとして説教をしたり説得したりするのではなくて、人の存在そのものが、まわりの誰かを動かす力のほうがうんと大きく確実です。

現代社会は、「自分風」の人で溢れかえっているようにわたしには見えます。そうして毎日、不満や愚痴をいい、自己卑下し、罪悪感をもち、義務感で、恐怖心から何かをしています。人と人とが責め合い傷つけ合っています。自分で自分を責めて傷つけているからです。古い世界が音を立てて崩れているのを目の当《ま》たりにしながら、まだまだたのしいではなくて正しさからものごとを行っています。その結果、環境破壊はもう限界に達する寸前です。うつ病をはじめとする精神疾患や、からだの疾患も増えています。

どうしてこんな世界なのでしょうか？　わたしは、人が自分のことを本当の意味で愛していないからだと思います。もっといえば、自分が自分をたいせつにすること、愛することをおしすすめる社会になっていないからだとも思っています。究極、自分を愛していない人は、他人のことだって愛していないし、環境だって、地球だって愛していないのです。狭くて暗

い映画館の中で、スクリーンに映し出される内容を世界のすべてだとかん違いし、目をふさがれたみたいにして生きているのです。

わたしをわたしするだけ

でも、ひとつだけ、確実にこの流れをとめる方法があります。

それが、今の状況のまま、どんな自分であれ、まず、ひとりひとりが自分をたいせつにし、愛するということです。

それもいきなり愛さなくてもいいんです。この本で紹介してきたように、できることから少しずつ自分をたいせつにしはじめるのです。外側でなにがあっても、まず自分に戻ります。

自分はどう感じているのか、自分はどう考えるのか、自分はどう行動していくのか。自分で自分を愛する世界を勇気をもって選ぶのです。自分がここちよいものを勇敢に選び、決めていきます。

わたしは、このひとりひとりのありようが、めぐりめぐって、社会と世界と地球に伝播《でんぱ》すると信じています。その瞬間に、わたしたちのなかに平等に共通する光のようなもの（自然、神性、愛）があることの証明となり、社会や世界や地球もあたらしいかたちになって、いきいきと蘇《よみがえ》るはずだと思っています。

そんなあたらしい地球は、誰もが、もう「自分風」を装うことなく、ただただ気楽にゆったりとほんらいの自分でいられて、自分を愛する世界に自動的になっているはずです。さらに個人個人が自分の幸福を追求していくことで、自動的にまわりとも調和していくという世界になるはずだと直感しているのです。

なにより、信じても信じなくてもいいから、今この瞬間も、あなたの中に、どの存在ともどの人ともつながる光があり、輝いていることを思い出してほしいと思います。あなたがどんな状況であっても、その光は、静かにあなたに気づいてほしいと願っています。さらにたとえその光をまったく信じられなくとも、自分をたいせつにすることを今すぐはじめて、何の損もありません。どんなときも、わたしという存在は、わたしがわたしをわたししていれば充分なのです。そして究極、わたしがわたしをわたしするしか、やりようもないのです。自分をたいせつにしはじめれば、そのことがきっとわかりはじめます。自分の居心地がよくなり、自分をもっと愛するようになれば、今度はあなた自身の存在をもって誰かの存在を照らすようになります。

今、目の前で一見「困難」に見えている事態も、実は、こうしたほんらいの自分にひとりひとりがなるよう、導いているようにわたしには見えるのです。

あたらしい時代は、もうすぐそこにきています。

その扉を開くのも、わたしたち自身にかかっています。

もっといえば、わたしたちが、自分をどれだけ愛しはじめるかにかかっています。

ひとりひとり、何をおいてもまず、自分をしあわせにするいちばんの担当者なのです。

この本を読んでいるあなた自身が、今この瞬間から、あたらしい世界を切り拓くたいせつな鍵をもっているのです。

どうぞリラックスして、存分にほんらいの自分自身でいてください。

そうして、存分にこの世界を味わいたのしむこと、そのエネルギーがこの社会や地球をもよりすばらしい場所へと変えていくことでしょう。

たいへんな嵐のような日々を越えれば、想像を超える、輝かしいあたらしい時代がはじまります。すさまじい嵐のあとには、清々《すがすが》しい晴れ間と雄大な虹《にじ》が現れるように。

それまでの大転換期の日々は、来《き》たるべきあたらしい時代に備え、自分を整えて、よりほんらいの自分に戻っていけるように、自分をたいせつにすることをし続けてみてください。

繰り返しになりますが、自分くらいは、自分を見捨てないで、自分の味方でい続けてあげてほしいです。どんな嵐の中も、忍耐強く、嵐が行き過ぎるのを待つ自分自身でいてほしいです。そうして、自分をたいせつにし、十分自分のことを愛することができるようになったなら、自分というコップに溜《た》まって溢れた愛の水で、今度は、誰かを潤したり、愛を配ったり、自分の役割を自分なりの目的に向かって果たすことが自動的にはじまるはずです。

想像を超えるすばらしい自分の表出と輝かしい世界は、もう、すぐそこなのかもしれません。そんな世界をこころからワクワクして待っていようと思います。

●参考図書（服部みれいの本）

『あたらしい自分になる本――SELF CLEANING BOOK』（ちくま文庫）
『自由な自分になる本――SELF CLEANING BOOK 2』（ちくま文庫）

『うつくしい自分になる本――SELF CLEANING BOOK 3』（筑摩《ちくま》書房）
『わたしの中の自然に目覚めて生きるのです』（ちくま文庫）
『恋愛呼吸』（中央公論新社）加藤敏朗と共著
『冷えとりスタイルブック』（エムエム・ブックス）

☆おはなしのつづき

夜空の星をみあげていたら、
ひゅーんと　からだがうかびあがり
気づけば　宇宙のなかにとびだしていました。
そうして、星の側にいたんです。

青い青い地球が
はるか眼下に　見えています。

おや？
ぴかぴか　光るものがありますよ。
よく目を凝らして見ましたら！

（びっくりしました！）

人間がひとりひとり
ぴかぴかに光っている星だったのです

ぴかり　ぴかり
ぴかり　ぴかり

見ていると
どんどん　光は　増えていく！
地球じたいも　その光にうち響き
どんどん　どんどん　あたらしくなって
光を増して
輝いているんです

かたわらで太陽もにっこりにこにこほほえんでいます
もしも夜中に目覚めたら
あなたのおなかをのぞいてごらん
それはうつくしい光が
おなかの中で
そうっとしずかに光りはじめているかもしれませんよ

あとがき

かつてわたしが高校受験に失敗したときのことです。ともだちのおかあさんがこういいました。「みれいちゃん、大丈夫。大事なのは大学受験のほうだから。大学受験をがんばればいいのよ」。でもその大学受験も失敗しました。超優等生だった親友の母親のことばがこころの深いところに残ってしまっていたのでしょう、当時のわたしは「もう先がない」などと本気で思ってしまいました。でも、実際はそんなことはまったくありませんでした。

「完全に人生失敗した」と（あの時は）思い、その後、自分の「思い込み」に苦しめられはしましたが、人生で損なうこと、困ったことなんてなかったです。ましてや自分自身であるという尊厳はどんなことがあっても損なわれることはないということもわかってきました。

マラソン大会も、舞台も、遊園地も、想像を超える機会に溢れています。自分の身に起こることはすべて好機にかえられます。ほんとうです。「もうだめだ」とか「何もかもなくしてしまった」となってからのストーリーこそおもしろい。「ない」ってすごいパワーの源になります。どうかあきらめないで「自分のやりかた」や「自分のいる場所」をかえてみてほしいです。からだをゆるめて、今とは違う「ものの見方」があると気づいてほしいです。

なお、この本に書かれた内容は、特定の宗教や心理学などとは一切関係がありません。わたしがこれまでの人生で実際に体験したことをベースに、出合った方々から聞いた話、見たこと、観察し考えたことなどを参考にしています。この本でご紹介した知恵を教えてくださった方々のお名前をここでは書きませんが、こころの中でおひとりおひとりの名を呼び、感謝の気持ちを送ります。また何年もこの本の執筆を待ってくださった筑摩書房の井口かおりさん、愛らしい絵を描いてくださったイラストレーターの平松モモコさん、そしてこの本を手にとってくださった読者のみなさまおひとりおひとりに、溢れる感謝の気持ちを送ります。

この本でいいたかったことは、「外側の状況がいくらたいへんでも、自分の内側にはしんと静まり何にも侵されない聖域がある。それはすべての人にある。そしてその聖域は、自分で自分をたいせつにすることで守れる」ということです。

あたらしい時代に入り、この聖域を堂々と発揮する時代になったともいえます。

どうぞどうぞ、今この瞬間から、自分をたいせつにしはじめてください。

この本が、どんな嵐の時もみなさんの味方でありますように。

ちくまプリマー新書

238
おとなになるってどんなこと？
吉本ばなな
勉強しなくちゃダメ？　普通って？　生きることに意味はあるの？　死ぬとどうなるの？　人生について、生まれてきた目的について吉本ばななさんからのメッセージ。

043
「ゆっくり」でいいんだよ
辻信一
知ってる？　ナマケモノが笑顔のワケ。食べ物を本当においしく食べる方法。デコボコ地面が子どもを元気にするヒミツ。「楽しい」のヒント満載のスローライフ入門。

020
〈いい子〉じゃなきゃいけないの？
香山リカ
あなたは〈いい子〉の仮面をかぶっていませんか？　時にはダメな自分を見せたっていい。素顔のあなたのほうがずっと素敵。自分をもっと好きになるための一冊。

294
源氏物語の教え
——もし紫式部があなたの家庭教師だったら
大塚ひかり
一人娘をもつシングルマザー紫式部は宮中サロンの家庭教師になった。彼女が自分の娘とサロンの主に施した女子教育の中味とは？　源氏に学ぶ女子の賢い生き方入門。

156
女子校育ち
辛酸なめ子
女子100％の濃密ワールドの洗礼を受けた彼女たちは、卒業後も独特のオーラを発し続ける。文化祭や同窓会潜入も交え、知られざる生態が明らかに。ＬＯＶＥ女子校！

chikuma primer shinsho

ちくまプリマー新書 380

自分《じぶん》をたいせつにする本《ほん》

二〇二一年七月 十 日 初版第一刷発行
二〇二四年七月二十日 初版第七刷発行

著者 服部みれい（はっとり・みれい）

装幀 クラフト・エヴィング商會

発行者 増田健史

発行所 株式会社筑摩書房
東京都台東区蔵前二－五－三 〒一一一－八七五五
電話番号 〇三－五六八七－二六〇一（代表）

印刷・製本 株式会社精興社

ISBN978-4-480-68401-1 C0295 Printed in Japan